SERVISCH

WOORDENSCHAT

THEMATISCHE WOORDENLIJST

NEDERLANDS
SERVISCH

De meest bruikbare woorden
Om uw woordenschat uit te breiden en
uw taalvaardigheid aan te scherpen

5000 woorden

Thematische woordenschat Nederlands-Servisch - 5000 woorden

Door Andrey Taranov

Woordenlijsten van T&P Books zijn bedoeld om u woorden van een vreemde taal te helpen leren, onthouden, en bestudering. Dit woordenboek is ingedeeld in thema's en behandelt alle belangrijk terreinen van het dagelijkse leven, bedrijven, wetenschap, cultuur, etc.

Het proces van het leren van woorden met behulp van de op thema's gebaseerde aanpak van T&P Books biedt u de volgende voordelen:

* Correct gegroepeerde informatie is bepalend voor succes bij opeenvolgende stadia van het leren van woorden
* De beschikbaarheid van woorden die van dezelfde stam zijn maakt het mogelijk om woordgroepen te onthouden (in plaats van losse woorden)
* Kleine groepen van woorden faciliteren het proces van het aanmaken van associatieve verbindingen, die nodig zijn bij het consolideren van de woordenschat
* Het niveau van talenkennis kan worden ingeschat door het aantal geleerde woorden

Copyright © 2020 T&P Books Publishing

Alle rechten voorbehouden. Niets uit deze uitgave mag worden verveelvoudigd, opgeslagen in een geautomatiseerd gegevensbestand en/of openbaar gemaakt in enige vorm of op enige wijze, hetzij elektronisch, mechanisch, door fotokopieën, opnamen of op enige andere manier zonder voorafgaande schriftelijke toestemming van de uitgever. U mag dit boek niet verspreiden in welk formaat dan ook.

T&P Books Publishing
www.tpbooks.com

ISBN: 978-1-78492-356-3

Dit boek is ook beschikbaar in e-boek formaat.
Gelieve www.tpbooks.com te bezoeken of de belangrijkste online boekwinkels.

SERVISCHE WOORDENSCHAT
nieuwe woorden leren

T&P Books woordenlijsten zijn bedoeld om u te helpen vreemde woorden te leren, te onthouden, en te bestuderen. De woordenschat bevat meer dan 5000 veel gebruikte woorden die thematisch geordend zijn.

* De woordenlijst bevat de meest gebruikte woorden
* Aanbevolen als aanvulling bij welke taalcursus dan ook
* Voldoet aan de behoeften van de beginnende en gevorderde student in vreemde talen
* Geschikt voor dagelijks gebruik, bestudering en zelftestactiviteiten
* Maakt het mogelijk om uw woordenschat te evalueren

Bijzondere kenmerken van de woordenschat

* De woorden zijn gerangschikt naar hun betekenis, niet volgens alfabet
* De woorden worden weergegeven in drie kolommen om bestudering en zelftesten te vergemakkelijken
* Woorden in groepen worden verdeeld in kleine blokken om het leerproces te vergemakkelijken
* De woordenschat biedt een handige en eenvoudige beschrijving van elk buitenlands woord

De woordenschat bevat 155 onderwerpen zoals:

Basisconcepten, getallen, kleuren, maanden, seizoenen, meeteenheden, kleding en accessoires, eten & voeding, restaurant, familieleden, verwanten, karakter, gevoelens, emoties, ziekten, stad, dorp, bezienswaardigheden, winkelen, geld, huis, thuis, kantoor, werken op kantoor, import & export, marketing, werk zoeken, sport, onderwijs, computer, internet, gereedschap, natuur, landen, nationaliteiten en meer ...

INHOUDSOPGAVE

UITSPRAAKGIDS

Letter	Servisch voorbeeld	T&P fonetisch alfabet	Nederlands voorbeeld

Klinkers

A a	авлија	[a]	acht
E e	ексер	[e]	delen, spreken
И и	излаз	[i]	bidden, tint
O o	очи	[o]	overeenkomst
У у	ученик	[u]	hoed, doe

Medeklinkers

Б б	брег	[b]	hebben
В в	вода	[ʋ]	als in Noord-Nederlands - water
Г г	глава	[g]	goal, tango
Д д	дим	[d]	Dank u, honderd
Ђ ђ	ђак	[ʤ]	jeans, bougie
Ж ж	жица	[ʒ]	journalist, rouge
З з	зец	[z]	zeven, zesde
Ј ј	мој	[j]	New York, januari
К к	киша	[k]	kennen, kleur
Л л	лептир	[l]	delen, luchter
Љ љ	љиљан	[ʎ]	biljet, morille
М м	мајка	[m]	morgen, etmaal
Н н	нос	[n]	nemen, zonder
Њ њ	књига	[ɲ]	cognac, nieuw
П п	праг	[p]	parallel, koper
Р р	рука	[r]	roepen, breken
С с	слово	[s]	spreken, kosten
Т т	тело	[t]	tomaat, taart
Ћ ћ	ћуран	[tɕ]	ongeveer 'tjie'
Ф ф	фењер	[f]	feestdag, informeren
Х х	хлеб	[h]	het, herhalen
Ц ц	цео	[ts]	niets, plaats
Ч ч	чизме	[ʧ]	Tsjechië, cello
Џ џ	џбун	[ʤ]	jeans, jungle
Ш ш	шах	[ʃ]	shampoo, machine

9

AFKORTINGEN
gebruikt in de woordenschat

Nederlandse afkortingen

abn	-	als bijvoeglijk naamwoord
bijv.	-	bijvoorbeeld
bn	-	bijvoeglijk naamwoord
bw	-	bijwoord
enk.	-	enkelvoud
enz.	-	enzovoort
form.	-	formele taal
inform.	-	informele taal
mann.	-	mannelijk
mil.	-	militair
mv.	-	meervoud
on.ww.	-	onovergankelijk werkwoord
ontelb.	-	ontelbaar
ov.	-	over
ov.ww.	-	overgankelijk werkwoord
telb.	-	telbaar
vn	-	voornaamwoord
vrouw.	-	vrouwelijk
vw	-	voegwoord
vz	-	voorzetsel
wisk.	-	wiskunde
ww	-	werkwoord

Nederlandse artikelen

de	-	gemeenschappelijk geslacht
de/het	-	gemeenschappelijk geslacht, onzijdig
het	-	onzijdig

Servische afkortingen

ж	-	vrouwelijk zelfstandig naamwoord
ж мн	-	vrouwelijk meervoud
м	-	mannelijk zelfstandig naamwoord
м мн	-	mannelijk meervoud
м, ж	-	mannelijk, vrouwelijk

мн	-	meervoud
нг	-	onovergankelijk werkwoord
нг, пг	-	onovergankelijk, overgankelijk werkwoord
пг	-	overgankelijk werkwoord
с	-	onzijdig
с мн	-	onzijdig meervoud

BASISBEGRIPPEN

Basisbegrippen Deel 1

1. Voornaamwoorden

ik	ja	ja
jij, je	ти	ti
hij	он	on
zij, ze	она	óna
het	оно	óno
wij, we	ми	mi
jullie	ви	vi
zij, ze (mann.)	они	óni
zij, ze (vrouw.)	оне	óne

2. Begroetingen. Begroetingen. Afscheid

Hallo! Dag!	Здраво!	Zdrávo!
Hallo!	Добар дан!	Dóbar dan!
Goedemorgen!	Добро јутро!	Dóbro jútro!
Goedemiddag!	Добар дан!	Dóbar dan!
Goedenavond!	Добро вече!	Dóbro véče!
gedag zeggen (groeten)	поздрављати (nr)	pózdravljati
Hoi!	Здраво!	Zdrávo!
groeten (het)	поздрав (м)	pózdrav
verwelkomen (ww)	поздрављати (nr)	pózdravljati
Hoe gaat het met u?	Како сте?	Káko ste?
Hoe is het?	Како си?	Káko si?
Is er nog nieuws?	Шта је ново?	Šta je nóvo?
Tot ziens! (form.)	Довиђења!	Doviđénja!
Doei!	Здраво!	Zdrávo!
Tot snel! Tot ziens!	Видимо се ускоро!	Vídimo se úskoro!
Vaarwel!	Збогом!	Zbógom!
afscheid nemen (ww)	опраштати се	opráštati se
Tot kijk!	Ћао! Здраво!	Ćáo! Zdrávo!
Dank u!	Хвала!	Hvála!
Dank u wel!	Хвала лепо!	Hvála lépo!
Graag gedaan	Изволите	Izvólite
Geen dank!	Нема на чему!	Néma na čému!
Geen moeite.	Нема на чему	Néma na čému
Excuseer me, … (inform.)	Извини!	Izvíni!

Excuseer me, … (form.)	Извините!	Izvínite!
excuseren (verontschuldigen)	извињавати (пг)	izvinjávati
zich verontschuldigen	извињавати се	izvinjávati se
Mijn excuses.	Извињавам се	Izvinjávam se
Het spijt me!	Извините!	Izvínite!
vergeven (ww)	опраштати (пг)	opráštati
Maakt niet uit!	Ништа страшно!	Níšta strášno!
alsjeblieft	молим	mólim
Vergeet het niet!	Не заборавите!	Ne zabóravite!
Natuurlijk!	Наравно!	Náravno!
Natuurlijk niet!	Наравно да не!	Náravno da ne!
Akkoord!	Слажем се!	Slážem se!
Zo is het genoeg!	Доста!	Dósta!

3. Hoe aan te spreken

Excuseer me, …	Извините, …	Izvínite, …
meneer	господине	gospódine
mevrouw	госпођо	góspođo
juffrouw	госпођице	góspođice
jongeman	младићу	mládiću
jongen	дечко	déčko
meisje	девојчица	devójčica

4. Kardinale getallen. Deel 1

nul	нула (ж)	núla
een	један	jédan
twee	два	dva
drie	три	tri
vier	четири	čétiri
vijf	пет	pet
zes	шест	šest
zeven	седам	sédam
acht	осам	ósam
negen	девет	dévet
tien	десет	déset
elf	једанаест	jedánaest
twaalf	дванаест	dvánaest
dertien	тринаест	trínaest
veertien	четрнаест	četŕnaest
vijftien	петнаест	pétnaest
zestien	шеснаест	šésnaest
zeventien	седамнаест	sedámnaest
achttien	осамнаест	osámnaest
negentien	деветнаест	devétnaest
twintig	двадесет	dvádeset

eenentwintig	двадесет и један	dvádeset i jédan
tweeëntwintig	двадесет и два	dvádeset i dva
drieëntwintig	двадесет и три	dvádeset i tri

dertig	тридесет	trídeset
eenendertig	тридесет и један	trídeset i jédan
tweeëndertig	тридесет и два	trídeset i dva
drieëndertig	тридесет и три	trídeset i tri

veertig	четрдесет	četrdéset
eenenveertig	четрдесет и један	četrdéset i jédan
tweeënveertig	четрдесет и два	četrdéset i dva
drieënveertig	четрдесет и три	četrdéset i tri

vijftig	педесет	pedéset
eenenvijftig	педесет и један	pedéset i jédan
tweeënvijftig	педесет и два	pedéset i dva
drieënvijftig	педесет и три	pedéset i tri

zestig	шездесет	šezdéset
eenenzestig	шездесет и један	šezdéset i jédan
tweeënzestig	шездесет и два	šezdéset i dva
drieënzestig	шездесет и три	šezdéset i tri

zeventig	седамдесет	sedamdéset
eenenzeventig	седамдесет и један	sedamdéset i jédan
tweeënzeventig	седамдесет и два	sedamdéset i dva
drieënzeventig	седамдесет и три	sedamdéset i tri

tachtig	осамдесет	osamdéset
eenentachtig	осамдесет и један	osamdéset i jédan
tweeëntachtig	осамдесет и два	osamdéset i dva
drieëntachtig	осамдесет и три	osamdéset i tri

negentig	деведесет	devedéset
eenennegentig	деведесет и један	devedéset i jédan
tweeënnegentig	деведесет и два	devedéset i dva
drieënnegentig	деведесет и три	devedéset i tri

5. Kardinale getallen. Deel 2

honderd	сто	sto
tweehonderd	двеста	dvésta
driehonderd	триста	trísta
vierhonderd	четиристо	četiristo
vijfhonderd	петсто	pétsto

zeshonderd	шестсто	šéststo
zevenhonderd	седамсто	sédamsto
achthonderd	осамсто	ósamsto
negenhonderd	деветсто	dévetsto

| duizend | хиљада (ж) | híljada |
| tweeduizend | две хиљаде | dve híljade |

drieduizend	три хиљаде	tri híljade
tienduizend	десет хиљада	déset híljada
honderdduizend	сто хиљада	sto híljada
miljoen (het)	милион (м)	milíon
miljard (het)	милијарда (ж)	milíjarda

6. Ordinale getallen

eerste (bn)	први	pŕvi
tweede (bn)	други	drúgi
derde (bn)	трећи	tréći
vierde (bn)	четврти	čétvrti
vijfde (bn)	пети	péti

zesde (bn)	шести	šésti
zevende (bn)	седми	sédmi
achtste (bn)	осми	ósmi
negende (bn)	девети	déveti
tiende (bn)	десети	déseti

7. Getallen. Breuken

breukgetal (het)	разломак (м)	rázlomak
half	једна половина	jédna pólovina
een derde	једна трећина (ж)	jédna trećína
kwart	једна четвртина	jédna čétvrtina
een achtste	једна осмина (ж)	jédna osmína
een tiende	једна десетина	jédna désetina
twee derde	две трећине	dve trećíne
driekwart	три четвртине	tri četvŕtine

8. Getallen. Eenvoudige berekeningen

aftrekking (de)	одузимање (с)	oduzímanje
aftrekken (ww)	одузимати (пг)	odúzimati
deling (de)	дељење (с)	déljenje
delen (ww)	делити (пг)	déliti
optelling (de)	сабирање (с)	sabíranje
erbij optellen	сабрати (пг)	sábrati
(bij elkaar voegen)		
optellen (ww)	сабирати (пг)	sábirati
vermenigvuldiging (de)	множење (с)	mnóženje
vermenigvuldigen (ww)	множити (пг)	mnóžiti

9. Getallen. Diversen

cijfer (het)	цифра (ж)	cífra
nummer (het)	број (м)	broj

telwoord (het)	број (м)	broj
minteken (het)	минус (м)	mínus
plusteken (het)	плус (м)	plus
formule (de)	формула (ж)	fórmula

berekening (de)	израчунавање (с)	izračunávanje
tellen (ww)	бројати (nr)	brójati
bijrekenen (ww)	бројати (nr)	brójati
vergelijken (ww)	упоређивати (пг)	upoređívati

Hoeveel?	Колико?	Kolíko?
som (de), totaal (het)	збир (м)	zbir
uitkomst (de)	резултат (м)	rezúltat
rest (de)	остатак (м)	ostátak

enkele (bijv. ~ minuten)	неколико	nékoliko
restant (het)	остало (с)	óstalo
anderhalf	један и по	jédan i po
dozijn (het)	туце (с)	túce

middendoor (bw)	напола	nápola
even (bw)	на равне делове	na rávne délove
helft (de)	половина (ж)	polóvina
keer (de)	пут (м)	put

10. De belangrijkste werkwoorden. Deel 1

aanbevelen (ww)	препоручивати (nr)	preporučívati
aandringen (ww)	инсистирати (нг)	insistírati
aankomen (per auto, enz.)	стизати (нг)	stízati
aanraken (ww)	дирати (nr)	dírati
adviseren (ww)	саветовати (пг)	sávetovati

afdalen (on.ww.)	спуштати се	spúštati se
afslaan (naar rechts ~)	скретати (нг)	skrétati
antwoorden (ww)	одговарати (нг, пг)	odgovárati
bang zijn (ww)	плашити се	plášiti se
bedreigen	претити (нг)	prétiti
(bijv. met een pistool)		

bedriegen (ww)	обмањивати (nr)	obmanjívati
beëindigen (ww)	завршавати (nr)	završávati
beginnen (ww)	почињати (нг, пг)	póčinjati
begrijpen (ww)	разумевати (nr)	razumévati
beheren (managen)	руководити (nr)	rukovóditi

beledigen	вређати (nr)	vréđati
(met scheldwoorden)		
beloven (ww)	обећати (nr)	obéćati
bereiden (koken)	кувати (nr)	kúvati
bespreken (spreken over)	расправљати (nr)	ráspravljati

| bestellen (eten ~) | наручивати (nr) | naručívati |
| bestraffen (een stout kind ~) | кажњавати (nr) | kažnjávati |

betalen (ww)	платити (нг, пг)	plátiti
betekenen (beduiden)	значити (нг)	znáčiti
betreuren (ww)	жалити (нг)	žáliti

bevallen (prettig vinden)	свиђати се	svíđati se
bevelen (mil.)	нареЂивати (пг)	naređívati
bevrijden (stad, enz.)	ослобаЂати (пг)	oslobáđati
bewaren (ww)	чувати (пг)	čúvati
bezitten (ww)	поседовати (пг)	pósedovati

bidden (praten met God)	молити се	móliti se
binnengaan (een kamer ~)	уЂи, улазити (нг)	úći, úlaziti
breken (ww)	ломити (пг)	lómiti
controleren (ww)	контролисати (пг)	kontrólisati
creëren (ww)	створити (пг)	stvóriti

deelnemen (ww)	учествовати (нг)	účestvovati
denken (ww)	мислити (нг)	mísliti
doden (ww)	убијати (нг)	ubíjati
doen (ww)	радити (пг)	ráditi
dorst hebben (ww)	бити жедан	bíti žédan

11. De belangrijkste werkwoorden. Deel 2

een hint geven	дати миг	dáti mig
eisen (met klem vragen)	захтевати, тражити	zahtévati, trážiti
excuseren (vergeven)	извињавати (пг)	izvinjávati
existeren (bestaan)	постојати (нг)	póstojati
gaan (te voet)	иЂи (нг)	íći

gaan zitten (ww)	седати (нг)	sédati
gaan zwemmen	купати се	kúpati se
geven (ww)	давати (пг)	dávati
glimlachen (ww)	осмехивати се	osmehívati se
goed raden (ww)	погодити (пг)	pogóditi

| grappen maken (ww) | шалити се | šáliti se |
| graven (ww) | копати (пг) | kópati |

hebben (ww)	имати (пг)	ímati
helpen (ww)	помагати (пг)	pomágati
herhalen (opnieuw zeggen)	понављати (пг)	ponávljati
honger hebben (ww)	бити гладан	bíti gládan

hopen (ww)	надати се	nádati se
horen	чути (нг, пг)	čúti
(waarnemen met het oor)		
huilen (wenen)	плакати (нг)	plákati
huren (huis, kamer)	изнајмити (пг)	iznájmiti
informeren (informatie geven)	информисати (пг)	infórmisati
instemmen (akkoord gaan)	слагати се	slágati se
jagen (ww)	ловити (пг)	lóviti
kennen (kennis hebben	знати (пг)	znáti
van iemand)		

| kiezen (ww) | бирати (nr) | bírati |
| klagen (ww) | жалити се | žáliti se |

kosten (ww)	коштати (нг)	kóštati
kunnen (ww)	моћи (нг)	móći
lachen (ww)	смејати се	sméjati se
laten vallen (ww)	испуштати (nr)	ispúštati
lezen (ww)	читати (нг, nr)	čítati

liefhebben (ww)	волети (nr)	vóleti
lunchen (ww)	ручати (нг)	rúčati
nemen (ww)	узети (nr)	úzeti
nodig zijn (ww)	бити потребан	bíti pótreban

12. De belangrijkste werkwoorden. Deel 3

onderschatten (ww)	подцењивати (nr)	podcenjívati
ondertekenen (ww)	потписивати (nr)	potpisívati
ontbijten (ww)	доручковати (нг)	dóručkovati
openen (ww)	отварати (nr)	otvárati
ophouden (ww)	прекидати (nr)	prekídati
opmerken (zien)	запажати (nr)	zapážati

opscheppen (ww)	хвалисати се	hválisati se
opschrijven (ww)	записивати (nr)	zapisívati
plannen (ww)	планирати (nr)	planírati
prefereren (verkiezen)	преферирати (nr)	preferírati
proberen (trachten)	пробати (нг)	próbati
redden (ww)	спасавати (nr)	spasávati

rekenen op …	рачунати на …	račúnati na …
rennen (ww)	трчати (нг)	tŕčati
reserveren (een hotelkamer ~)	резервисати (nr)	rezervísati
roepen (om hulp)	звати (nr)	zváti
schieten (ww)	пуцати (нг)	púcati
schreeuwen (ww)	викати (нг)	víkati

schrijven (ww)	писати (nr)	písati
souperen (ww)	вечерати (нг)	véčerati
spelen (kinderen)	играти (нг)	ígrati
spreken (ww)	говорити (нг)	govóriti
stelen (ww)	красти (nr)	krásti
stoppen (pauzeren)	заустављати се	zaústavljati se

studeren (Nederlands ~)	студирати (nr)	studírati
sturen (zenden)	слати (nr)	sláti
tellen (optellen)	рачунати (nr)	račúnati
toebehoren aan …	припадати (нг)	prípadati
toestaan (ww)	дозвољавати (нг, nr)	dozvoljávati
tonen (ww)	показивати (nr)	pokazívati

| twijfelen (onzeker zijn) | сумњати (нг) | súmnjati |
| uitgaan (ww) | изаћи (нг) | ízaći |

uitnodigen (ww)	позивати (nr)	pozívati
uitspreken (ww)	изговарати (nr)	izgovárati
uitvaren tegen (ww)	грдити (nr)	gr̀diti

13. De belangrijkste werkwoorden. Deel 4

vallen (ww)	падати (нг)	pádati
vangen (ww)	ловити (nr)	lóviti
veranderen (anders maken)	променити (nr)	proméniti
verbaasd zijn (ww)	чудити се	čúditi se
verbergen (ww)	крити (nr)	kríti

verdedigen (je land ~)	штитити (nr)	štítiti
verenigen (ww)	уједињавати (nr)	ujedinjávati
vergelijken (ww)	упоређивати (nr)	upoređívati
vergeten (ww)	заборављати (нг, nr)	zabóravljati
vergeven (ww)	опраштати (nr)	opráštati

verklaren (uitleggen)	објашњавати (nr)	objašnjávati
verkopen (per stuk ~)	продавати (nr)	prodávati
vermelden (praten over)	спомињати (nr)	spóminjati
versieren (decoreren)	украшавати (nr)	ukrašávati
vertalen (ww)	преводити (nr)	prevóditi

vertrouwen (ww)	веровати (nr)	vérovati
vervolgen (ww)	настављати (nr)	nástavljati
verwarren (met elkaar ~)	бркати (nr)	br̀kati
verzoeken (ww)	молити (nr)	móliti
verzuimen (school, enz.)	пропуштати (nr)	propúštati

vinden (ww)	наћи (nr)	náći
vliegen (ww)	летети (нг)	léteti
volgen (ww)	пратити (nr)	prátiti
voorstellen (ww)	предлагати (nr)	predlágati
voorzien (verwachten)	предвиђати (nr)	predvíđati
vragen (ww)	питати (nr)	pítati

waarnemen (ww)	посматрати (нг)	posmátrati
waarschuwen (ww)	упозоравати (nr)	upozorávati
wachten (ww)	чекати (нг, nr)	čékati
weerspreken (ww)	приговарати (нг)	prigovárati
weigeren (ww)	одбијати се	odbíjati se

werken (ww)	радити (нг)	ráditi
weten (ww)	знати (nr)	znáti
willen (verlangen)	хтети (nr)	htéti
zeggen (ww)	рећи (nr)	réći
zich haasten (ww)	журити се	žúriti se

zich interesseren voor ...	интересовати се	ínteresovati se
zich vergissen (ww)	грешити (нг)	gréšiti
zich verontschuldigen	извињавати се	izvinjávati se
zien (ww)	видети (nr)	vídeti
zoeken (ww)	тражити (nr)	trážiti

zwemmen (ww)	пливати (нг)	plívati
zwijgen (ww)	ћутати (нг)	ćútati

14. Kleuren

kleur (de)	боја (ж)	bója
tint (de)	нијанса (ж)	nijánsa
kleurnuance (de)	тон (м)	ton
regenboog (de)	дуга (ж)	dúga

wit (bn)	бео	béo
zwart (bn)	црн	cŕn
grijs (bn)	сив	sív

groen (bn)	зелен	zélen
geel (bn)	жут	žut
rood (bn)	црвен	cŕven

blauw (bn)	плав	plav
lichtblauw (bn)	светло плав	svétlo plav
roze (bn)	ружичаст	rúžičast
oranje (bn)	наранџаст	nárandžast
violet (bn)	љубичаст	ljúbičast
bruin (bn)	браон	bráon

goud (bn)	златан	zlátan
zilverkleurig (bn)	сребрнаст	srébrnast

beige (bn)	беж	bež
roomkleurig (bn)	боје крем	bóje krem
turkoois (bn)	тиркизан	tírkizan
kersrood (bn)	боје вишње	bóje víšnje
lila (bn)	лила	líla
karmijnrood (bn)	боје малине	bóje máline

licht (bn)	светао	svétao
donker (bn)	таман	táman
fel (bn)	јарки	járki

kleur-, kleurig (bn)	обојен	óbojen
kleuren- (abn)	у боји	u bóji
zwart-wit (bn)	црно-бели	cŕno-béli
eenkleurig (bn)	једнобојан	jédnobojan
veelkleurig (bn)	разнобојан	ráznobojan

15. Vragen

Wie?	Ко?	Ko?
Wat?	Шта?	Šta?
Waar?	Где?	Gde?
Waarheen?	Куда?	Kúda?
Waarvandaan?	Одакле? Откуд?	Ódakle? Ótkud?

Wanneer?	Када?	Káda?
Waarom?	Зашто?	Zášto?
Waarom?	Зашто?	Zášto?

Waarvoor dan ook?	За шта? Због чега?	Zá šta? Zbog čéga?
Hoe?	Како?	Káko?
Wat voor ...?	Какав?	Kákav?
Welk?	Који?	Kóji?

Aan wie?	Коме?	Kóme?
Over wie?	О коме?	O kóme?
Waarover?	О чему?	O čému?
Met wie?	Са ким?	Sa kim?

Hoeveel?	Колико?	Kolíko?
Van wie? (mann.)	Чији?	Číji?
Van wie? (vrouw.)	Чија?	Číja?
Van wie? (mv.)	Чије?	Číje?

16. Voorzetsels

met (bijv. ~ beleg)	с, са	s, sa
zonder (~ accent)	без	bez
naar (in de richting van)	у	u
over (praten ~)	о	o
voor (in tijd)	пре	pre
voor (aan de voorkant)	испред	íspred

onder (lager dan)	испод	íspod
boven (hoger dan)	изнад	íznad
op (bovenop)	на	na
van (uit, afkomstig van)	из	iz
van (gemaakt van)	од	od

| over (bijv. ~ een uur) | за | za |
| over (over de bovenkant) | преко | préko |

17. Functiewoorden. Bijwoorden. Deel 1

Waar?	Где?	Gde?
hier (bw)	овде	óvde
daar (bw)	тамо	támo

| ergens (bw) | негде | négde |
| nergens (bw) | нигде | nígde |

| bij ... (in de buurt) | код | kod |
| bij het raam | поред прозора | póred prózora |

Waarheen?	Куда?	Kúda?
hierheen (bw)	овамо	óvamo
daarheen (bw)	тамо	támo

hiervandaan (bw)	одавде	ódavde
daarvandaan (bw)	оданде	ódande
dichtbij (bw)	близу	blízu
ver (bw)	далеко	daléko
in de buurt (van ...)	близу, у близини	blízu, u blizíni
dichtbij (bw)	у близини	u blízini
niet ver (bw)	недалеко	nédaleko
linker (bn)	леви	lévi
links (bw)	слева	sléva
linksaf, naar links (bw)	лево	lévo
rechter (bn)	десни	désni
rechts (hw)	десно	désno
rechtsaf, naar rechts (bw)	десно	désno
vooraan (bw)	спреда	spréda
voorste (bn)	предњи	prédnji
vooruit (bw)	напред	nápred
achter (bw)	иза	íza
van achteren (bw)	отпозади	otpozádi
achteruit (naar achteren)	назад, унатраг	názad, unátrag
midden (het)	средина (ж)	sredína
in het midden (bw)	у средини	u sredíni
opzij (bw)	са стране	sa stráne
overal (bw)	свуда	svúda
omheen (bw)	око	óko
binnenuit (bw)	изнутра	iznútra
naar ergens (bw)	некуда	nékuda
rechtdoor (bw)	право	právo
terug (bijv. ~ komen)	назад	názad
ergens vandaan (bw)	однекуд	ódnekud
ergens vandaan	однекуд	ódnekud
(en dit geld moet ~ komen)		
ten eerste (bw)	прво	pŕvo
ten tweede (bw)	друго	drúgo
ten derde (bw)	треће	tréće
plotseling (bw)	изненада	íznenada
in het begin (bw)	у почетку	u počétku
voor de eerste keer (bw)	први пут	pŕvi put
lang voor ... (bw)	много пре ...	mnógo pre ...
opnieuw (bw)	поново	pónovo
voor eeuwig (bw)	заувек	záuvek
nooit (bw)	никад	níkad
weer (bw)	опет	ópet
nu (bw)	сада	sáda

vaak (bw)	често	čésto
toen (bw)	тада	táda
urgent (bw)	хитно	hítno
meestal (bw)	обично	óbično

trouwens, ... (tussen haakjes)	узгред, ...	úzgred, ...
mogelijk (bw)	могуће	móguće
waarschijnlijk (bw)	вероватно	vérovatno
misschien (bw)	можда	móžda
trouwens (bw)	осим тога ...	ósim tóga ...
daarom ...	дакле ..., због тога ...	dákle ..., zbog toga ...
in weerwil van ...	без обзира на ...	bez óbzira na ...
dankzij ...	захваљујући ...	zahváljujući ...

wat (vn)	шта	šta
dat (vw)	да	da
iets (vn)	нешто	néšto
iets	нешто	néšto
niets (vn)	ништа	níšta

wie (~ is daar?)	ко	ko
iemand (een onbekende)	неко	néko
iemand (een bepaald persoon)	неко	néko

niemand (vn)	нико	níko
nergens (bw)	никуд	níkud
niemands (bn)	ничији	níčiji
iemands (bn)	нечији	néčiji

zo (Ik ben ~ blij)	тако	táko
ook (evenals)	такође	takóđe
alsook (eveneens)	такође	takóđe

18. Functiewoorden. Bijwoorden. Deel 2

Waarom?	Зашто?	Zášto?
om een bepaalde reden	из неког разлога	iz nékog rázloga
omdat ...	јер ..., зато што ...	jer ..., záto što ...
voor een bepaald doel	из неког разлога	iz nékog rázloga

en (vw)	и	i
of (vw)	или	íli
maar (vw)	али	áli
voor (vz)	за	za

te (~ veel mensen)	сувише, превише	súviše, préviše
alleen (bw)	само	sámo
precies (bw)	тачно	táčno
ongeveer (~ 10 kg)	око	óko

omstreeks (bw)	приближно	príbližno
bij benadering (bn)	приближан	príbližan

bijna (bw)	скоро	skóro
rest (de)	остало (c)	óstalo
de andere (tweede)	други	drúgi
ander (bn)	други	drúgi
elk (bn)	свак	svak
om het even welk	било који	bílo kóji
veel (grote hoeveelheid)	много	mnógo
veel mensen	многи	mnógi
iedereen (alle personen)	сви	svi
in ruil voor ...	у замену за ...	u zámenu za ...
in ruil (bw)	у замену	u zámenu
met de hand (bw)	ручно	rúčno
onwaarschijnlijk (bw)	тешко да, једва да	téško da, jédva da
waarschijnlijk (bw)	вероватно	vérovatno
met opzet (bw)	намерно	námerno
toevallig (bw)	случајно	slúčajno
zeer (bw)	врло	vŕlo
bijvoorbeeld (bw)	на пример	na prímer
tussen (~ twee steden)	између	ízmeđu
tussen (te midden van)	међу	méđu
zoveel (bw)	толико	tolíko
vooral (bw)	нарочито	náročito

Basisbegrippen Deel 2

19. Dagen van de week

maandag (de)	понедељак (м)	ponédeljak
dinsdag (de)	уторак (м)	útorak
woensdag (de)	среда (ж)	sréda
donderdag (de)	четвртак (м)	četvŕtak
vrijdag (de)	петак (м)	pétak
zaterdag (de)	субота (ж)	súbota
zondag (de)	недеља (ж)	nédelja
vandaag (bw)	данас	dánas
morgen (bw)	сутра	sútra
overmorgen (bw)	прекосутра	prékosutra
gisteren (bw)	јуче	júče
eergisteren (bw)	прекјуче	prékjuče
dag (de)	дан (м)	dan
werkdag (de)	радни дан (м)	rádni dan
feestdag (de)	празничан дан (м)	prázničan dan
verlofdag (de)	слободан дан (м)	slóbodan dan
weekend (het)	викенд (м)	víkend
de hele dag (bw)	цео дан	céo dan
de volgende dag (bw)	следећег дана, сутра	slédećeg dána, sútra
twee dagen geleden	пре два дана	pre dva dána
aan de vooravond (bw)	уочи	úoči
dag-, dagelijks (bn)	свакодневан	svákodnevan
elke dag (bw)	свакодневно	svákodnevno
week (de)	недеља (ж)	nédelja
vorige week (bw)	прошле недеље	próšle nedelje
volgende week (bw)	следеће недеље	slédeće nédelje
wekelijks (bn)	недељни	nédeljni
elke week (bw)	недељно	nédeljno
twee keer per week	два пута недељно	dva púta nédeljno
elke dinsdag	сваког уторка	svákog útorka

20. Uren. Dag en nacht

morgen (de)	јутро (с)	jútro
's morgens (bw)	ујутру	újutru
middag (de)	подне (с)	pódne
's middags (bw)	поподне	popódne
avond (de)	вече (с)	véče
's avonds (bw)	увече	úveče

nacht (de)	ноћ (ж)	noć
's nachts (bw)	ноћу	nóću
middernacht (de)	поноћ (ж)	pónoć

seconde (de)	секунд (м)	sékund
minuut (de)	минут (ж)	mínut
uur (het)	сат (м)	sat
halfuur (het)	пола сата	póla sáta
kwartier (het)	четврт сата	čétvrt sáta
vijftien minuten	петнаест минута	pétnaest minúta
etmaal (het)	двадесет четири сата	dvádeset čétiri sáta

zonsopgang (de)	излазак (м) сунца	ízlazak súnca
dageraad (de)	свануће (с)	svanúće
vroege morgen (de)	рано јутро (о)	ráno jútro
zonsondergang (de)	залазак (м) сунца	zálazak súnca

's morgens vroeg (bw)	рано ујутру	ráno újutru
vanmorgen (bw)	јутрос	jútros
morgenochtend (bw)	сутра ујутру	sútra újutru

vanmiddag (bw)	овог поподнева	óvog popódneva
's middags (bw)	поподне	popódne
morgenmiddag (bw)	сутра поподне	sútra popódne

| vanavond (bw) | вечерас | večéras |
| morgenavond (bw) | сутра увече | sútra úveče |

klokslag drie uur	тачно у три сата	táčno u tri sáta
ongeveer vier uur	око четири сата	óko čétiri sáta
tegen twaalf uur	до дванаест сати	do dvánaest sáti

over twintig minuten	за двадесет минута	za dvádeset minúta
over een uur	за сат времена	za sat vrémena
op tijd (bw)	навреме	návreme

kwart voor ...	четвртина до	četvŕtina do
binnen een uur	за сат времена	za sat vrémena
elk kwartier	сваких петнаест минута	svákih pétnaest minúta
de klok rond	дан и ноћ	dan i noć

21. Maanden. Seizoenen

januari (de)	јануар (м)	jánuar
februari (de)	фебруар (м)	fébruar
maart (de)	март (м)	mart
april (de)	април (м)	ápril
mei (de)	мај (м)	maj
juni (de)	јун, јуни (м)	jun, júni

juli (de)	јули (м)	júli
augustus (de)	август (м)	ávgust
september (de)	септембар (м)	séptembar
oktober (de)	октобар (м)	óktobar

november (de)	новембар (м)	nóvembar
december (de)	децембар (м)	décembar
lente (de)	пролеће (c)	próleće
in de lente (bw)	у пролеће	u próleće
lente- (abn)	пролећни	prólećni
zomer (de)	лето (c)	léto
in de zomer (bw)	лети	léti
zomer-, zomers (bn)	летни	létni
herfst (de)	јесен (ж)	jésen
in de herfst (bw)	у јесен	u jésen
herfst- (abn)	јесењи	jésenji
winter (de)	зима (ж)	zíma
in de winter (bw)	зими	zími
winter- (abn)	зимски	zímski
maand (de)	месец (м)	mésec
deze maand (bw)	овог месеца	óvog méseca
volgende maand (bw)	следећег месеца	slédećeg méseca
vorige maand (bw)	прошлог месеца	próšlog méseca
een maand geleden (bw)	пре месец дана	pre mésec dána
over een maand (bw)	за месец дана	za mésec dána
over twee maanden (bw)	за два месеца	za dva méséca
de hele maand (bw)	цео месец	céo mésec
een volle maand (bw)	цео месец	céo mésec
maand-, maandelijks (bn)	месечни	mésečni
maandelijks (bw)	месечно	mésečno
elke maand (bw)	сваког месеца	svákog méseca
twee keer per maand	два пута месечно	dva púta mésečno
jaar (het)	година (ж)	gódina
dit jaar (bw)	ове године	óve gódine
volgend jaar (bw)	следеће године	slédeće gódine
vorig jaar (bw)	прошла година	próšla gódina
een jaar geleden (bw)	пре годину дана	pre gódinu dána
over een jaar	за годину дана	za gódinu dána
over twee jaar	за две године	za dve gódine
het hele jaar	цела година	céla gódina
een vol jaar	цела година	céla gódina
elk jaar	сваке године	sváke gódine
jaar-, jaarlijks (bn)	годишњи	gódišnji
jaarlijks (bw)	годишње	gódišnje
4 keer per jaar	четири пута годишње	četiri púta gódišnje
datum (de)	датум (м)	dátum
datum (de)	датум (м)	dátum
kalender (de)	календар (м)	kaléndar
een half jaar	пола године	póla gódine
zes maanden	полугодиште (c)	polugódište

| seizoen (bijv. lente, zomer) | сезона (ж) | sezóna |
| eeuw (de) | век (м) | vek |

22. Meeteenheden

gewicht (het)	тежина (ж)	težína
lengte (de)	дужина (ж)	dužína
breedte (de)	ширина (ж)	širína
hoogte (de)	висина (ж)	visína
diepte (de)	дубина (ж)	dubína
volume (het)	запремина (ж)	zápremina
oppervlakte (de)	површина (ж)	póvršina

gram (het)	грам (м)	gram
milligram (het)	милиграм (м)	míligram
kilogram (het)	килограм (м)	kílogram
ton (duizend kilo)	тона (ж)	tóna
pond (het)	фунта (ж)	fúnta
ons (het)	унца (ж)	únca

meter (de)	метар (м)	métar
millimeter (de)	милиметар (м)	mílimetar
centimeter (de)	сантиметар (м)	santimétar
kilometer (de)	километар (м)	kílometar
mijl (de)	миља (ж)	mílja

duim (de)	палац (м)	pálac
voet (de)	стопа (ж)	stópa
yard (de)	јард (м)	jard

| vierkante meter (de) | квадратни метар (м) | kvádratni métar |
| hectare (de) | хектар (м) | héktar |

liter (de)	литар (м)	lítar
graad (de)	степен (м)	stépen
volt (de)	волт (м)	volt
ampère (de)	ампер (м)	ámper
paardenkracht (de)	коњска снага (ж)	kónjska snága

hoeveelheid (de)	количина (ж)	kolicína
een beetje …	мало …	málo …
helft (de)	половина (ж)	polóvina

| dozijn (het) | туце (с) | túce |
| stuk (het) | комад (м) | kómad |

| afmeting (de) | величина (ж) | veličína |
| schaal (bijv. ~ van 1 op 50) | размер (м) | rázmer |

minimaal (bn)	минималан	mínimalan
minste (bn)	најмањи	nájmanji
medium (bn)	средњи	srédnji
maximaal (bn)	максималан	máksimalan
grootste (bn)	највећи	nájveći

23. Containers

glazen pot (de)	тегла (ж)	tégla
blik (conserven~)	лименка (ж)	límenka
emmer (de)	ведро (с)	védro
ton (bijv. regenton)	буре (с)	búre

ronde waterbak (de)	лавор (м)	lávor
tank (bijv. watertank-70-ltr)	резервоар (м)	rezervóar
heupfles (de)	чутурица (ж)	čúturica
jerrycan (de)	канта (ж) за гориво	kánta za górivo
tank (bijv. ketelwagen)	цистерна (ж)	cistérna

beker (de)	кригла (ж)	krígla
kopje (het)	шоља (ж)	šólja
schoteltje (het)	тацна (ж)	tácna
glas (het)	чаша (ж)	čáša
wijnglas (het)	чаша (ж) за вино	čáša za víno
pan (de)	шерпа (ж), лонац (м)	šerpa, lónac

fles (de)	боца, флаша (ж)	bóca, fláša
flessenhals (de)	врат (м)	vrat

karaf (de)	бокал (м)	bókal
kruik (de)	крчаг (м)	kŕčag
vat (het)	суд (м)	sud
pot (de)	лонац (м)	lónac
vaas (de)	ваза (ж)	váza

flacon (de)	боца (ж)	bóca
flesje (het)	бочица (ж)	bóčica
tube (bijv. ~ tandpasta)	туба (ж)	túba

zak (bijv. ~ aardappelen)	џак (м)	džak
tasje (het)	кеса (ж)	késa
pakje (~ sigaretten, enz.)	паковање (с)	pákovanje

doos (de)	кутија (ж)	kútija
kist (de)	сандук (м)	sánduk
mand (de)	корпа (ж)	kórpa

MENS

Mens. Het lichaam

24. Hoofd

hoofd (het)	глава (ж)	gláva
gezicht (het)	лице (с)	líce
neus (de)	нос (м)	nos
mond (de)	уста (мн)	ústa
oog (het)	око (с)	óko
ogen (mv.)	очи (мн)	óči
pupil (de)	зеница (ж)	zénica
wenkbrauw (de)	обрва (ж)	óbrva
wimper (de)	трепавица (ж)	trépavica
ooglid (het)	капак (м), веђа (ж)	kápak, véđa
tong (de)	језик (м)	jézik
tand (de)	зуб (м)	zub
lippen (mv.)	усне (мн)	úsne
jukbeenderen (mv.)	јагодице (мн)	jágodice
tandvlees (het)	десни (мн)	désni
gehemelte (het)	непце (с)	népce
neusgaten (mv.)	ноздрве (мн)	nózdrve
kin (de)	брада (ж)	bráda
kaak (de)	вилица (ж)	vílica
wang (de)	образ (м)	óbraz
voorhoofd (het)	чело (с)	čélo
slaap (de)	слепоочница (ж)	slepoóčnica
oor (het)	ухо (с)	úho
achterhoofd (het)	потиљак (м)	pótiljak
hals (de)	врат (м)	vrat
keel (de)	грло (с)	gŕlo
haren (mv.)	коса (ж)	kósa
kapsel (het)	фризура (ж)	frizúra
haarsnit (de)	фризура (ж)	frizúra
pruik (de)	перика (ж)	périka
snor (de)	бркови (мн)	bŕkovi
baard (de)	брада (ж)	bráda
dragen (een baard, enz.)	носити (пг)	nósiti
vlecht (de)	плетеница (ж)	pleténica
bakkebaarden (mv.)	зулуфи (мн)	zulúfi
ros (roodachtig, rossig)	риђ	riđ
grijs (~ haar)	сед	sed

| kaal (bn) | ћелав | ćelav |
| kale plek (de) | ћела (ж) | ćela |

| paardenstaart (de) | реп (м) | rep |
| pony (de) | шишке (мн) | šíške |

25. Menselijk lichaam

| hand (de) | шака (ж) | šáka |
| arm (de) | рука (ж) | rúka |

vinger (de)	прст (м)	pŕst
teen (de)	ножни прст (м)	nóžni pŕst
duim (de)	палац (м)	pálac
pink (de)	мали прст (м)	máli pŕst
nagel (de)	нокат (м)	nókat

vuist (de)	песница (ж)	pésnica
handpalm (de)	длан (м)	dlan
pols (de)	зглоб (м), запешће (с)	zglob, zápešće
voorarm (de)	подлактица (ж)	pódlaktica
elleboog (de)	лакат (м)	lákat
schouder (de)	раме (с)	ráme

been (rechter ~)	нога (ж)	nóga
voet (de)	стопало (с)	stópalo
knie (de)	колено (с)	kóleno
kuit (de)	лист (м)	list
heup (de)	кук (м)	kuk
hiel (de)	пета (ж)	péta

lichaam (het)	тело (с)	télo
buik (de)	трбух (м)	tŕbuh
borst (de)	прса (мн)	pŕsa
borst (de)	груди (мн)	grúdi
zijde (de)	бок (м)	bok
rug (de)	леђа (мн)	léđa
lage rug (de)	крста (ж)	kŕsta
taille (de)	струк (м)	struk

navel (de)	пупак (м)	púpak
billen (mv.)	стражњица (ж)	strážnjica
achterwerk (het)	задњица (ж)	zádnjica

huidvlek (de)	младеж (м)	mládež
moedervlek (de)	белег, младеж (м)	béleg, mládež
tatoeage (de)	тетоважа (ж)	tetováža
litteken (het)	ожиљак (м)	óžiljak

Kleding en accessoires

kleren (mv.)	одећа (ж)	ódeća
bovenkleding (de)	горња одећа (ж)	górnja ódeća
winterkleding (de)	зимска одећа (ж)	zímska ódeća
jas (de)	капут (м)	káput
bontjas (de)	бунда (ж)	búnda
bontjasje (het)	кратка бунда (ж)	krátka búnda
donzen jas (de)	перјана јакна (ж)	pérjana jákna
jasje (bijv. een leren ~)	јакна (ж)	jákna
regenjas (de)	кишни мантил (м)	kíšni mántil
waterdicht (bn)	водоотпоран	vodoótporan

overhemd (het)	кошуља (ж)	kóšulja
broek (de)	панталоне (мн)	pantalóne
jeans (de)	фармерке (мн)	fármerke
colbert (de)	сако (м)	sáko
kostuum (het)	одело (с)	odélo
jurk (de)	хаљина (ж)	háljina
rok (de)	сукња (ж)	súknja
blouse (de)	блуза (ж)	blúza
wollen vest (de)	џемпер (м)	džémper
blazer (kort jasje)	жакет (м)	žáket
T-shirt (het)	мајица (ж)	májica
shorts (mv.)	шорц, шортс (м)	šorc, šorts
trainingspak (het)	спортски костим (м)	spórtski kóstim
badjas (de)	баде мантил (м)	báde mántil
pyjama (de)	пиџама (ж)	pidžáma
sweater (de)	џемпер (м)	džémper
pullover (de)	пуловер (м)	pulóver
gilet (het)	прслук (м)	přsluk
rokkostuum (het)	фрак (м)	frak
smoking (de)	смокинг (м)	smóking
uniform (het)	униформа (ж)	úniforma
werkkleding (de)	радна одећа (ж)	rádna ódeća
overall (de)	комбинезон (м)	kombinézon
doktersjas (de)	мантил (м)	mántil

28. Kleding. Ondergoed

ondergoed (het)	доње рубље (c)	dónje rúblje
herenslip (de)	мушке гаће (мн)	múške gáće
slipjes (mv.)	гаћице (мн)	gáćice
onderhemd (het)	мајица (ж)	májica
sokken (mv.)	чарапе (мн)	čárape
nachthemd (het)	спаваћица (ж)	spaváćica
beha (de)	грудњак (м)	grúdnjak
kniekousen (mv.)	доколенице (мн)	dokolénice
panty (de)	хулахопке (мн)	húlahopke
nylonkousen (mv.)	чарапе (мн)	čárape
badpak (het)	купаћи костим (м)	kúpaći kóstim

29. Hoofddeksels

hoed (de)	капа (ж)	kápa
deukhoed (de)	шешир (м)	šéšir
honkbalpet (de)	бејзбол качкет (м)	béjzbol káčket
kleppet (de)	енглеска капа (ж), качкет (м)	éngleska kápa, káčket
baret (de)	берета, беретка (ж)	beréta, beretka
kap (de)	капуљача (ж)	kapúljača
panamahoed (de)	панама-шешир (м)	panáma-šéšir
gebreide muts (de)	плетена капа (ж)	plétena kápa
hoofddoek (de)	марама (ж)	márama
dameshoed (de)	женски шешир (м)	žénski šéšir
veiligheidshelm (de)	кацига (ж), шлем (м)	káciga, šlem
veldmuts (de)	титовка (ж)	títovka
helm, valhelm (de)	шлем (м)	člem
bolhoed (de)	полуцилиндар (м)	pólucilindar
hoge hoed (de)	цилиндар (м)	cilíndar

30. Schoeisel

schoeisel (het)	обућа (ж)	óbuća
schoenen (mv.)	ципеле (мн)	cípele
vrouwenschoenen (mv.)	ципеле (мн)	cípele
laarzen (mv.)	чизме (мн)	čízme
pantoffels (mv.)	папуче (мн)	pápuče
sportschoenen (mv.)	патике (мн)	pátike
sneakers (mv.)	патике (мн)	pátike
sandalen (mv.)	сандале (мн)	sandále
schoenlapper (de)	обућар (м)	óbućar
hiel (de)	потпетица (ж)	pótpetica

paar (een ~ schoenen)	пар (м)	par
veter (de)	пертла (ж)	pértla
rijgen (schoenen ~)	шнирати (пг)	šnírati
schoenlepel (de)	кашика (ж) за ципеле	kášika za cípele
schoensmeer (de/het)	крема (ж) за обућу	kréma za óbuću

31. Persoonlijke accessoires

handschoenen (mv.)	рукавице (мн)	rukávice
wanten (mv.)	рукавице (мн) с једним прстом	rukávice s jednim prstom
sjaal (fleece ~)	шал (м)	šal

bril (de)	наочаре (мн)	náočare
brilmontuur (het)	оквир (м)	ókvir
paraplu (de)	кишобран (м)	kíšobran
wandelstok (de)	штап (м)	štap
haarborstel (de)	четка (ж) за косу	čétka za kósu
waaier (de)	лепеза (ж)	lepéza

das (de)	краватa (ж)	kraváta
strikje (het)	лептир машна (ж)	léptir mášna
bretels (mv.)	трегери (мн)	trégeri
zakdoek (de)	џепна марамица (ж)	džépna máramica

kam (de)	чешаљ (м)	čéšalj
haarspeldje (het)	шнала (ж)	šnála
schuifspeldje (het)	укосница (ж)	úkosnica
gesp (de)	копча (ж)	kópča

broekriem (de)	каиш (м)	káiš
draagriem (de)	каиш (м)	káiš

handtas (de)	торба (ж)	tórba
damestas (de)	ташна (ж)	tášna
rugzak (de)	ранац (м)	ránac

32. Kleding. Diversen

mode (de)	мода (ж)	móda
de mode (bn)	модеран	móderan
kledingstilist (de)	модни креатор (м)	módni kreátor

kraag (de)	овратник (м)	óvratnik
zak (de)	џеп (м)	džep
zak- (abn)	џепни	džépni
mouw (de)	рукав (м)	rúkav
lusje (het)	вешалица (ж)	véšalica
gulp (de)	шлиц (м)	šlic

rits (de)	рајсфершлус (м)	rájsferšlus
sluiting (de)	копча (ж)	kópča

knoop (de)	дугме (c)	dúgme
knoopsgat (het)	рупица (ж)	rúpica
losraken (bijv. knopen)	откинути се	ótkinuti se

naaien (kleren, enz.)	шити (нг, пг)	šíti
borduren (ww)	вести (нг, пг)	vésti
borduursel (het)	вез (м)	vez
naald (de)	игла (ж)	ígla
draad (de)	конац (м)	kónac
naad (de)	шав (м)	šav

vies worden (ww)	испрљати се	ispŕljati se
vlek (de)	мрља (ж)	mŕlja
gekreukt raken (ov. kleren)	изгужвати се	izgúžvati se
scheuren (ov.ww.)	цепати (пг)	cépati
mot (de)	мољац (м)	móljac

33. Persoonlijke verzorging. Schoonheidsmiddelen

tandpasta (de)	паста (ж) за зубе	pásta za zúbe
tandenborstel (de)	четкица (ж) за зубе	čétkica za zúbe
tanden poetsen (ww)	прати зубе	práti zúbe

scheermes (het)	бријач (м)	bríjač
scheerschuim (het)	крема (ж) за бријање	kréma za bríjanje
zich scheren (ww)	бријати се	bríjati se

| zeep (de) | сапун (м) | sápun |
| shampoo (de) | шампон (м) | šámpon |

schaar (de)	маказе (мн)	mákaze
nagelvijl (de)	турпија (ж) за нокте	túrpija za nokte
nagelknipper (de)	грицкалица (ж) за нокте	gríckalica za nókte
pincet (het)	пинцета (ж)	pincéta

cosmetica (mv.)	козметика (ж)	kozmétika
masker (het)	маска (ж)	máska
manicure (de)	маникир (м)	mánikir
manicure doen	радити маникир	ráditi mánikir
pedicure (de)	педикир (м)	pédikir

cosmetica tasje (het)	козметичка торбица (ж)	kozmétička tórbica
poeder (de/het)	пудер (м)	púder
poederdoos (de)	пудријера (ж)	pudrijéra
rouge (de)	руменило (c)	ruménilo

parfum (de/het)	парфем (м)	párfem
eau de toilet (de)	тоалетна вода (ж)	tóaletna vóda
lotion (de)	лосион (м)	lósion
eau de cologne (de)	колоњска вода (ж)	kólonjska vóda

oogschaduw (de)	сенка (ж) за очи	sénka za óči
oogpotlood (het)	оловка (ж) за очи	ólovka za óči
mascara (de)	маскара (ж)	máskara

lippenstift (de)	кармин (м)	kármin
nagellak (de)	лак (м) за нокте	lak za nókte
haarlak (de)	лак (м) за косу	lak za kósu
deodorant (de)	дезодоранс (м)	dezodórans
crème (de)	крема (ж)	kréma
gezichtscrème (de)	крема (ж) за лице	kréma za líce
handcrème (de)	крема (ж) за руке	kréma za rúke
antirimpelcrème (de)	крема (ж) против бора	kréma prótiv bóra
dagcrème (de)	дневна крема (ж)	dnévna kréma
nachtcrème (de)	ноћна крема (ж)	nóćna kréma
dag- (abn)	дневни	dnévni
nacht- (abn)	ноћни	nóćni
tampon (de)	тампон (м)	támpon
toiletpapier (het)	тоалет-папир (м)	toálet-pápir
föhn (de)	фен (м)	fen

34. Horloges. Klokken

polshorloge (het)	сат (м)	sat
wijzerplaat (de)	бројчаник (м)	brojčánik
wijzer (de)	казаљка (ж)	kázaljka
metalen horlogeband (de)	наруквица (ж)	nárukvica
horlogebandje (het)	каиш (м) за сат	káiš za sat
batterij (de)	батерија (ж)	báterija
leeg zijn (ww)	испразнити се	isprázniti se
batterij vervangen	заменити батерију	zaméniti batériju
voorlopen (ww)	журити (нг)	žúriti
achterlopen (ww)	заостајати (нг)	zaóstajati
wandklok (de)	зидни сат (м)	zídni sat
zandloper (de)	пешчани сат (м)	péščani sat
zonnewijzer (de)	сунчани сат (м)	súnčani sat
wekker (de)	будилник (м)	búdilnik
horlogemaker (de)	часовничар (м)	čásovničar
repareren (ww)	поправљати (пг)	pópravljati

Voedsel. Voeding

vlees (het)	месо (с)	méso
kip (de)	пилетина, кокош (ж)	píletina, kokoš
kuiken (het)	пиле (є)	píle
eend (de)	патка (ж)	pátka
gans (de)	гуска (ж)	gúska
wild (het)	дивљач (ж)	dívljač
kalkoen (de)	ћуретина (ж)	ćurétina
varkensvlees (het)	свињетина (ж)	svínjetina
kalfsvlees (het)	телетина (ж)	téletina
schapenvlees (het)	јагњетина (ж)	jágnjetina
rundvlees (het)	говедина (ж)	góvedina
konijnenvlees (het)	зец (м)	zec
worst (de)	кобасица (ж)	kobásica
saucijs (de)	виршла (ж)	víršla
spek (het)	сланина (ж)	slánina
ham (de)	шунка (ж)	šúnka
gerookte achterham (de)	шунка (ж)	šúnka
paté (de)	паштета (ж)	paštéta
lever (de)	џигерица (ж)	džígerica
gehakt (het)	млевено месо (с)	mléveno méso
tong (de)	језик (м)	jézik
ei (het)	јаје (с)	jáje
eieren (mv.)	јаја (мн)	jája
eiwit (het)	беланце (с)	belánce
eigeel (het)	жуманце (с)	žumánce
vis (de)	риба (ж)	ríba
zeevruchten (mv.)	морски плодови (мн)	mórski plódovi
schaaldieren (mv.)	ракови (мн)	rákovi
kaviaar (de)	кавијар (м)	kávijar
krab (de)	краба (ж)	krába
garnaal (de)	шкамп (м)	škamp
oester (de)	острига (ж)	óstriga
langoest (de)	јастог (м)	jástog
octopus (de)	хоботница (ж)	hóbotnica
inktvis (de)	лигња (ж)	lígnja
steur (de)	јесетра (ж)	jésetra
zalm (de)	лосос (м)	lósos
heilbot (de)	пацифички лист (м)	pacífički list
kabeljauw (de)	бакалар (м)	bakálar

makreel (de)	скуша (ж)	skúša
tonijn (de)	туњевина (ж)	túnjevina
paling (de)	јегуља (ж)	jégulja

forel (de)	пастрмка (ж)	pástrmka
sardine (de)	сардина (ж)	sardína
snoek (de)	штука (ж)	štúka
haring (de)	харинга (ж)	háringa

brood (het)	хлеб (м)	hleb
kaas (de)	сир (м)	sir
suiker (de)	шећер (м)	šéćer
zout (het)	со (ж)	so

rijst (de)	пиринач (м)	pírinač
pasta (de)	макарони (мн)	mákaroni
noedels (mv.)	резанци (мн)	rezánci

boter (de)	маслац (м)	máslac
plantaardige olie (de)	зејтин (м)	zéjtin
zonnebloemolie (de)	сунцокретово уље (с)	súncokretovo úlje
margarine (de)	маргарин (м)	margárin

olijven (mv.)	маслине (мн)	másline
olijfolie (de)	маслиново уље (с)	máslinovo úlje

melk (de)	млеко (с)	mléko
gecondenseerde melk (de)	кондензовано млеко (с)	kondenzóvano mléko
yoghurt (de)	јогурт (м)	jógurt
zure room (de)	кисела павлака (ж)	kísela pávlaka
room (de)	павлака (ж)	pávlaka

mayonaise (de)	мајонез (м), мајонеза (ж)	majonéz, majonéza
crème (de)	крем (м)	krem

graan (het)	житарице (мн)	žitárice
meel (het), bloem (de)	брашно (с)	brášno
conserven (mv.)	конзерве (мн)	konzérve

maïsvlokken (mv.)	кукурузне пахуљице (мн)	kukúruzne pahúljice
honing (de)	мед (м)	med
jam (de)	џем (м), мармелада (ж)	džem, marmeláda
kauwgom (de)	гума (ж) за жвакање	gúma za žvákanje

36. Drankjes

water (het)	вода (ж)	vóda
drinkwater (het)	питка вода (ж)	pítka vóda
mineraalwater (het)	кисела вода (ж)	kísela vóda

zonder gas	негазиран	negazíran
koolzuurhoudend (bn)	газиран	gazíran
bruisend (bn)	газиран	gazíran
ijs (het)	лед (м)	led

met ijs	са ледом	sa lédom
alcohol vrij (bn)	безалкохолан	bézalkoholan
alcohol vrije drank (de)	безалкохолно пиће (c)	bézalkoholno píće
frisdrank (de)	освежавајући напитак (м)	osvežávajući nápitak
limonade (de)	лимунада (ж)	limunáda

alcoholische dranken (mv.)	алкохолна пића (мн)	álkoholna píća
wijn (de)	вино (c)	víno
witte wijn (de)	бело вино (c)	bélo víno
rode wijn (de)	црно вино (c)	cŕno víno

likeur (de)	ликер (м)	líker
champagne (de)	шампањац (м)	šampánjac
vermout (de)	вермут (м)	vérmut

whisky (de)	виски (м)	víski
wodka (de)	вотка (ж)	vótka
gin (de)	џин (м)	džin
cognac (de)	коњак (м)	kónjak
rum (de)	рум (м)	rum

koffie (de)	кафа (ж)	káfa
zwarte koffie (de)	црна кафа (ж)	cŕna káfa
koffie (de) met melk	кафа (ж) са млеком	káfa sa mlékom
cappuccino (de)	капучино (м)	kapučíno
oploskoffie (de)	инстант кафа (ж)	ínstant káfa

melk (de)	млеко (c)	mléko
cocktail (de)	коктел (м)	kóktel
milkshake (de)	милкшејк (м)	mílkšejk

sap (het)	сок (м)	sok
tomatensap (het)	сок (м) од парадајза	sok od parádajza
sinaasappelsap (het)	сок (м) од наранџе	sok od nárandže
vers geperst sap (het)	свеже цеђени сок (м)	svéže céđeni sok

bier (het)	пиво (c)	pívo
licht bier (het)	светло пиво (c)	svétlo pívo
donker bier (het)	тамно пиво (c)	támno pívo

thee (de)	чај (м)	čaj
zwarte thee (de)	црни чај (м)	cŕni čaj
groene thee (de)	зелени чај (м)	zéleni čaj

37. Groenten

groenten (mv.)	поврће (c)	póvrće
verse kruiden (mv.)	зелен (ж)	zélen

tomaat (de)	парадајз (м)	parádajz
augurk (de)	краставац (м)	krástavac
wortel (de)	шаргарепа (ж)	šargarépa
aardappel (de)	кромпир (м)	krómpir
ui (de)	црни лук (м)	cŕni luk

knoflook (de)	бели лук (м)	béli luk
kool (de)	купус (м)	kúpus
bloemkool (de)	карфиол (м)	karfíol
spruitkool (de)	прокељ (м)	prókelj
broccoli (de)	брокуле (мн)	brókule

rode biet (de)	цвекла (ж)	cvékla
aubergine (de)	патлиџан (м)	patlidžán
courgette (de)	тиквица (ж)	tíkvica
pompoen (de)	тиква (ж)	tíkva
raap (de)	репа (ж)	répa

peterselie (de)	першун (м)	péršun
dille (de)	мироћија (ж)	miróđija
sla (de)	зелена салата (ж)	zélena saláta
selderij (de)	целер (м)	céler
asperge (de)	шпаргла (ж)	špárgla
spinazie (de)	спанаћ (м)	spánać

erwt (de)	грашак (м)	grášak
bonen (mv.)	махунарке (мн)	mahúnarke
maïs (de)	кукуруз (м)	kukúruz
nierboon (de)	пасуљ (м)	pásulj

peper (de)	паприка (ж)	páprika
radijs (de)	ротквица (ж)	rótkvica
artisjok (de)	артичока (ж)	artičóka

38. Vruchten. Noten

vrucht (de)	воће (с)	vóće
appel (de)	јабука (ж)	jábuka
peer (de)	крушка (ж)	krúška
citroen (de)	лимун (м)	límun
sinaasappel (de)	наранџа (ж)	nárandža
aardbei (de)	јагода (ж)	jágoda

mandarijn (de)	мандарина (ж)	mandarína
pruim (de)	шљива (ж)	šljíva
perzik (de)	бресква (ж)	bréskva
abrikoos (de)	кајсија (ж)	kájsija
framboos (de)	малина (ж)	málina
ananas (de)	ананас (м)	ánanas

banaan (de)	банана (ж)	banána
watermeloen (de)	лубеница (ж)	lubénica
druif (de)	грожђе (с)	gróžđe
zure kers (de)	вишња (ж)	višnja
zoete kers (de)	трешња (ж)	tréšnja
meloen (de)	диња (ж)	dínja

grapefruit (de)	грејпфрут (м)	gréjpfrut
avocado (de)	авокадо (м)	avokádo
papaja (de)	папаја (ж)	papája

mango (de)	манго (м)	mángo
granaatappel (de)	нар (м)	nar

rode bes (de)	црвена рибизла (ж)	crvéna ríbizla
zwarte bes (de)	црна рибизла (ж)	cŕna ríbizla
kruisbes (de)	огрозд (м)	ógrozd
blauwe bosbes (de)	боровница (ж)	boróvnica
braambes (de)	купина (ж)	kupína

rozijn (de)	суво грожђе (с)	súvo gróžđe
vijg (de)	смоква (ж)	smókva
dadel (de)	урма (ж)	úrma

pinda (de)	кикирики (м)	kikiríki
amandel (de)	бадем (м)	bádem
walnoot (de)	орах (м)	órah
hazelnoot (de)	лешник (м)	léšnik
kokosnoot (de)	кокосов орах (м)	kókosov órah
pistaches (mv.)	пистаћи (мн)	pistáći

39. Brood. Snoep

suikerbakkerij (de)	посластице (мн)	póslastice
brood (het)	хлеб (м)	hleb
koekje (het)	колачић (м)	koláčić

chocolade (de)	чоколада (ж)	čokoláda
chocolade- (abn)	чоколадни	čókoladni
snoepje (het)	бомбона (ж)	bombóna
cakeje (het)	колач (м)	kólač
taart (bijv. verjaardags~)	торта (ж)	tórta

pastei (de)	пита (ж)	píta
vulling (de)	надев (м)	nádov

confituur (de)	слатко (с)	slátko
marmelade (de)	мармелада (ж)	marmeláda
wafel (de)	облатне (мн)	óblatne
ijsje (het)	сладолед (м)	sládoled
pudding (de)	пудинг (м)	púding

40. Bereide gerechten

gerecht (het)	јело (с)	jélo
keuken (bijv. Franse ~)	кухиња (ж)	kúhinja
recept (het)	рецепт (м)	récept
portie (de)	порција (ж)	pórcija

salade (de)	салата (ж)	saláta
soep (de)	супа (ж)	súpa
bouillon (de)	буљон (м)	búljon
boterham (de)	сендвич (м)	séndvič

spiegelei (het)	пржена jaja (мн)	pŕžena jája
hamburger (de)	хамбургер (м)	hámburger
biefstuk (de)	бифтек (м)	bíftek

garnering (de)	прилог (м)	prílog
spaghetti (de)	шпагете (мн)	špagéte
aardappelpuree (de)	кромпир пире (м)	krómpir píre
pizza (de)	пица (ж)	píca
pap (de)	каша (ж)	káša
omelet (de)	омлет (м)	ómlet

gekookt (in water)	кувани	kúvani
gerookt (bn)	димљени	dímljeni
gebakken (bn)	пржени	pŕženi
gedroogd (bn)	сув	suv
diepvries (bn)	замрзнут	zámrznut
gemarineerd (bn)	маринирани	marínírani

zoet (bn)	сладак	sládak
gezouten (bn)	слан	slan
koud (bn)	хладан	hládan
heet (bn)	врућ	vrúć
bitter (bn)	горак	górak
lekker (bn)	укусан	úkusan

koken (in kokend water)	барити (nr)	báriti
bereiden (avondmaaltijd ~)	кувати (nr)	kúvati
bakken (ww)	пржити (nr)	pŕžiti
opwarmen (ww)	подгревати (nr)	podgrévati

zouten (ww)	солити (nr)	sóliti
peperen (ww)	биберити (nr)	bíberiti
raspen (ww)	рендати (nr)	réndati
schil (de)	кора (ж)	kóra
schillen (ww)	љуштити (nr)	ljúštiti

41. Kruiden

zout (het)	со (ж)	so
gezouten (bn)	слан	slan
zouten (ww)	солити (nr)	sóliti

zwarte peper (de)	црни бибер (м)	cŕni bíber
rode peper (de)	црвени бибер (м)	cŕveni bíber
mosterd (de)	сенф (м)	senf
mierikswortel (de)	рен, хрен (м)	ren, hren

condiment (het)	зачин (м)	záčin
specerij, kruiderij (de)	зачин (м)	záčin
saus (de)	сос (м)	sos
azijn (de)	сирће (с)	sírće

| anijs (de) | анис (м) | ánis |
| basilicum (de) | босиљак (м) | bósiljak |

kruidnagel (de)	каранфил (м)	karánfil
gember (de)	ђумбир (м)	đúmbir
koriander (de)	коријандер (м)	korijánder
kaneel (de/het)	цимет (м)	címet

sesamzaad (het)	сусам (м)	súsam
laurierblad (het)	ловор (м)	lóvor
paprika (de)	паприка (ж)	páprika
komijn (de)	ким (м)	kim
saffraan (de)	шафран (м)	šáfran

42. Maaltijden

eten (het)	храна (ж)	hrána
eten (ww)	јести (нг, пг)	jésti

ontbijt (het)	доручак (м)	dóručak
ontbijten (ww)	доручковати (нг)	dóručkovati
lunch (de)	ручак (м)	rúčak
lunchen (ww)	ручати (нг)	rúčati
avondeten (het)	вечера (ж)	véčera
souperen (ww)	вечерати (нг)	véčerati

eetlust (de)	апетит (м)	apétit
Eet smakelijk!	Пријатно!	Príjatno!

openen (een fles ~)	отварати (пг)	otvárati
morsen (koffie, enz.)	пролити (пг)	próliti
zijn gemorst	пролити се	próliti se

koken (water kookt bij 100°C)	кључати (нг)	kljúčati
koken (Hoe om water te ~)	кључати (пг)	kljúčati
gekookt (~ water)	кувани	kúvani

afkoelen (koeler maken)	охладити (пг)	ohláditi
afkoelen (koeler worden)	охлађивати се	ohlađívati se

smaak (de)	укус (м)	úkus
nasmaak (de)	укус (м)	úkus

volgen een dieet	смршати (нг)	smŕšati
dieet (het)	дијета (ж)	dijéta
vitamine (de)	витамин (м)	vitámin
calorie (de)	калорија (ж)	kalórija

vegetariër (de)	вегетеријанац (м)	vegetarijánac
vegetarisch (bn)	вегетеријански	vegetaríjanski

vetten (mv.)	масти (мн)	másti
eiwitten (mv.)	беланчевине (мн)	belánčevine
koolhydraten (mv.)	угљени хидрати (мн)	úgljeni hidráti
snede (de)	парче (с)	párče
stuk (bijv. een ~ taart)	комад (м)	kómad
kruimel (de)	мрва (ж)	mŕva

43. Tafelschikking

lepel (de)	кашика (ж)	kášika
mes (het)	нож (м)	nož
vork (de)	виљушка (ж)	víljuška

kopje (het)	шоља (ж)	šólja
bord (het)	тањир (м)	tánjir
schoteltje (het)	тацна (ж)	tácna
servet (het)	салвета (ж)	salvéta
tandenstoker (de)	чачкалица (ж)	čáčkalica

44. Restaurant

restaurant (het)	ресторан (м)	restóran
koffiehuis (het)	кафић (м), кафана (ж)	káfić, kafána
bar (de)	бар (м)	bar
tearoom (de)	чајџиница (ж)	čájdžinica

kelner, ober (de)	конобар (м)	kónobar
serveerster (de)	конобарица (ж)	konobárica
barman (de)	бармен (м)	bármen

menu (het)	јеловник (м)	jélovnik
wijnkaart (de)	винска карта (ж)	vínska kárta
een tafel reserveren	резервисати сто	rezervísati sto

gerecht (het)	јело (с)	jélo
bestellen (eten ~)	наручити (пг)	narúčiti
een bestelling maken	наручити	narúčiti

aperitief (de/het)	аперитив (м)	áperitiv
voorgerecht (het)	предјело (с)	prédjelo
dessert (het)	десерт (м)	désert

rekening (de)	рачун (м)	ráčun
de rekening betalen	платити рачун	plátiti ráčun
wisselgeld teruggeven	вратити кусур	vrátiti kúsur
fooi (de)	бакшиш (м)	bákšiš

Familie, verwanten en vrienden

45. Persoonlijke informatie. Formulieren

naam (de)	име (c)	íme
achternaam (de)	презиме (c)	prézime
geboortedatum (de)	датум (м) рођења	dátum rođénja
geboorteplaats (de)	место (c) рођења	mésto rođénja
nationaliteit (de)	националност (ж)	nacionálnost
woonplaats (de)	пребивалиште (c)	prébivalište
land (het)	земља (ж)	zémlja
beroep (het)	професија (ж)	profésija
geslacht (ov. het vrouwelijk ~)	пол (м)	pol
lengte (de)	раст (м)	rast
gewicht (het)	тежина (ж)	težína

46. Familieleden. Verwanten

moeder (de)	мајка (ж)	májka
vader (de)	отац (м)	ótac
zoon (de)	син (м)	sin
dochter (de)	кћи (ж)	kći
jongste dochter (de)	млађа кћи (ж)	mláđa kći
jongste zoon (de)	млађи син (м)	mláđi cin
oudste dochter (de)	најстарија кћи (ж)	nájstarija kći
oudste zoon (de)	најстарији син (м)	nájstariji sin
broer (de)	брат (м)	brat
oudere broer (de)	старији брат (м)	stáriji brat
jongere broer (de)	млађи брат (м)	mláđi brat
zuster (de)	сестра (ж)	séstra
oudere zuster (de)	старија сестра (ж)	stárija séstra
jongere zuster (de)	млађа сестра (ж)	mláđa séstra
neef (zoon van oom, tante)	рођак (м)	róđak
nicht (dochter van oom, tante)	рођака (ж)	róđaka
mama (de)	мама (ж)	máma
papa (de)	тата (м)	táta
ouders (mv.)	родитељи (мн)	róditelji
kind (het)	дете (c)	déte
kinderen (mv.)	деца (мн)	déca
oma (de)	бака (ж)	báka
opa (de)	деда (м)	déda

45

kleinzoon (de)	унук (м)	únuk
kleindochter (de)	унука (ж)	únuka
kleinkinderen (mv.)	унуци (мн)	únuci

oom (de)	ујак, стриц (м)	újak, stric
tante (de)	ујна, стрина (ж)	újna, strína
neef (zoon van broer, zus)	нећак, сестрић (м)	néćak, séstrić
nicht (dochter van broer, zus)	нећакиња, сестричина (ж)	nećákinja, séstričina

schoonmoeder (de)	ташта (ж)	tášta
schoonvader (de)	свекар (м)	svékar
schoonzoon (de)	зет (м)	zet
stiefmoeder (de)	маћеха (ж)	máćeha
stiefvader (de)	очух (м)	óčuh

zuigeling (de)	беба (ж)	béba
wiegenkind (het)	беба (ж)	béba
kleuter (de)	мало дете (с), беба (ж)	málo déte, béba

vrouw (de)	жена (ж)	žéna
man (de)	муж (м)	muž
echtgenoot (de)	супруг (м)	súprug
echtgenote (de)	супруга (ж)	súpruga

gehuwd (mann.)	ожењен	óženjen
gehuwd (vrouw.)	удата	údata
ongehuwd (mann.)	неожењен	neóženjen
vrijgezel (de)	нежења (м)	néženja
gescheiden (bn)	разведен	razvéden
weduwe (de)	удовица (ж)	udóvica
weduwnaar (de)	удовац (м)	údovac

familielid (het)	рођак (м)	róđak
dichte familielid (het)	блиски рођак (м)	blíski róđak
verre familielid (het)	даљи рођак (м)	dálji róđak
familieleden (mv.)	рођаци (мн)	róđaci

wees (de), weeskind (het)	сироче (с)	siróče
voogd (de)	старатељ (м)	stáratelj
adopteren (een jongen te ~)	усвојити (пг)	usvójiti
adopteren (een meisje te ~)	усвојити (пг)	usvójiti

Geneeskunde

ziekte (de)	болест (ж)	bólest
ziek zijn (ww)	боловати (нг)	bolóvati
gezondheid (de)	здравље (с)	zdrávlje
snotneus (de)	кијавица (ж)	kíjavica
angina (de)	ангина (ж)	angína
verkoudheid (de)	прехлада (ж)	préhlada
verkouden raken (ww)	прехладити се	prehláditi se
bronchitis (de)	бронхитис (м)	bronhítis
longontsteking (de)	упала (ж) плућа	úpala plúća
griep (de)	грип (м)	grip
bijziend (bn)	кратковид	kratkóvid
verziend (bn)	далековид	dalekóvid
scheelheid (de)	разрокост (ж)	rázrokost
scheel (bn)	разрок	rázrok
grauwe staar (de)	катаракта (ж)	katarákta
glaucoom (het)	глауком (м)	gláukom
beroerte (de)	мождани удар (м)	móždani údar
hartinfarct (het)	инфаркт (м)	ínfarkt
myocardiaal infarct (het)	инфаркт (м) миокарда	ínfarkt míokarda
verlamming (de)	парализа (ж)	paralíza
verlammen (ww)	парализовати (нг)	parálizovati
allergie (de)	алергија (ж)	alérgija
astma (de/het)	астма (ж)	ástma
diabetes (de)	дијабетес (м)	dijabétes
tandpijn (de)	зубобоља (ж)	zubóbolja
tandbederf (het)	каријес (м)	kárijes
diarree (de)	дијареја (ж), пролив (м)	dijaréja, próliv
constipatie (de)	затвор (м)	zátvor
maagstoornis (de)	лоша пробава (ж)	lóša próbava
voedselvergiftiging (de)	тровање (с)	tróvanje
voedselvergiftiging oplopen	отровати се	otróvati se
artritis (de)	артритис (м)	artrítis
rachitis (de)	рахитис (м)	rahítis
reuma (het)	реуматизам (м)	reumatízam
arteriosclerose (de)	атеросклероза (ж)	ateroskleróza
gastritis (de)	гастритис (м)	gastrítis
blindedarmontsteking (de)	апендицитис (м)	apendicítis

galblaasontsteking (de)	холециститис (м)	holecístitis
zweer (de)	чир (м)	čir

mazelen (mv.)	мале богиње (мн)	mále bóginje
rodehond (de)	рубеола (ж)	rubéola
geelzucht (de)	жутица (ж)	žútica
leverontsteking (de)	хепатитис (м)	hepatítis

schizofrenie (de)	шизофренија (ж)	šizofrénija
dolheid (de)	беснило (с)	bésnilo
neurose (de)	неуроза (ж)	neuróza
hersenschudding (de)	потрес (м) мозга	pótres mózga

kanker (de)	рак (м)	rak
sclerose (de)	склероза (ж)	skleróza
multiple sclerose (de)	мултипла склероза (ж)	múltipla skleróza

alcoholisme (het)	алкохолизам (м)	alkoholízam
alcoholicus (de)	алкохоличар (м)	alkohóličar
syfilis (de)	сифилис (м)	sífilis
AIDS (de)	Сида (ж)	Sída

tumor (de)	тумор (м)	túmor
kwaadaardig (bn)	малигни, злоћудан	máligni, zlóćudan
goedaardig (bn)	доброћудан	dóbroćudan

koorts (de)	грозница (ж)	gróznica
malaria (de)	маларија (ж)	málarija
gangreen (het)	гангрена (ж)	gangréna
zeeziekte (de)	морска болест (ж)	mórska bólest
epilepsie (de)	епилепсија (ж)	epilépsija

epidemie (de)	епидемија (ж)	epidémija
tyfus (de)	тифус (м)	tífus
tuberculose (de)	туберкулоза (ж)	tuberkulóza
cholera (de)	колера (ж)	koléra
pest (de)	куга (ж)	kúga

48. Symptomen. Behandelingen. Deel 1

symptoom (het)	симптом (м)	símptom
temperatuur (de)	температура (ж)	temperatúra
verhoogde temperatuur (de)	висока температура (ж)	vísoka temperatúra
polsslag (de)	пулс (м)	puls

duizeling (de)	вртоглавица (ж)	vrtóglavica
heet (erg warm)	врућ	vruć
koude rillingen (mv.)	језа (ж)	jéza
bleek (bn)	блед	bled

hoest (de)	кашаљ (м)	kášalj
hoesten (ww)	кашљати (нг)	kášljati
niezen (ww)	кијати (нг)	kíjati
flauwte (de)	несвестица (ж)	nésvestica

flauwvallen (ww)	онесвестити се	onesvéstiti se
blauwe plek (de)	модрица (ж)	módrica
buil (de)	чворуга (ж)	čvóruga
zich stoten (ww)	ударити се	údariti se
kneuzing (de)	озледа (ж)	ózleda
kneuzen (gekneusd zijn)	озледити се	ozléditi se

hinken (ww)	храмати (нг)	hrámati
verstuiking (de)	ишчашење (с)	iščašénje
verstuiken (enkel, enz.)	ишчашити (пр)	íščašiti
breuk (de)	прелом (м)	prélom
een breuk oplopen	задобити прелом	zadóbiti prélom

snijwond (de)	посекотина (ж)	posekótina
zich snijden (ww)	порезати се	pórezati se
bloeding (de)	крварење (с)	krvárenje

brandwond (de)	опекотина (ж)	opekótina
zich branden (ww)	опећи се	ópeći se

prikken (ww)	убости (пр)	úbosti
zich prikken (ww)	убости се	úbosti se
blesseren (ww)	повредити (пр)	povréditi
blessure (letsel)	повреда (ж)	póvreda
wond (de)	рана (ж)	rána
trauma (het)	траума (ж)	tráuma

ijlen (ww)	бунцати (нг)	búncati
stotteren (ww)	муцати (нг)	múcati
zonnesteek (de)	сунчаница (ж)	súnčanica

49. Symptomen. Behandelingen. Deel 2

pijn (de)	бол (ж)	bol
splinter (de)	трн (м)	trn

zweet (het)	зној (м)	znoj
zweten (ww)	знојити се	znójiti se
braking (de)	повраћање (с)	póvraćanje
stuiptrekkingen (mv.)	грчеви (мн)	gŕčevi

zwanger (bn)	трудна	trúdna
geboren worden (ww)	родити се	róditi se
geboorte (de)	порођај (м)	pórođaj
baren (ww)	рађати (пр)	ráđati
abortus (de)	абортус, побачај (м)	abórtus, póbačaj

ademhaling (de)	дисање (с)	dísanje
inademing (de)	удисај (м)	údisaj
uitademing (de)	издах (м)	ízdah
uitademen (ww)	издахнути (нг)	izdáhnuti
inademen (ww)	удисати (нг)	údisati
invalide (de)	инвалид (м)	inválid
gehandicapte (de)	богаљ (м)	bógalj

drugsverslaafde (de)	наркоман (м)	nárkoman
doof (bn)	глув	gluv
stom (bn)	нем	nem
doofstom (bn)	глувонем	glúvonem

krankzinnig (bn)	луд	lud
krankzinnige (man)	лудак (м)	lúdak
krankzinnige (vrouw)	луда (ж)	lúda
krankzinnig worden	полудети (нг)	polúdeti

gen (het)	ген (м)	gen
immuniteit (de)	имунитет (м)	imunítet
erfelijk (bn)	наследни	následni
aangeboren (bn)	урођен	úrođen

virus (het)	вирус (м)	vírus
microbe (de)	микроб (м)	míkrob
bacterie (de)	бактерија (ж)	baktérija
infectie (de)	инфекција (ж)	infékcija

50. Symptomen. Behandelingen. Deel 3

| ziekenhuis (het) | болница (ж) | bólnica |
| patiënt (de) | пацијент (м) | pacíjent |

diagnose (de)	дијагноза (ж)	dijagnóza
genezing (de)	лечење (c)	léčenje
medische behandeling (de)	медицински третман (м)	médicinski trétman
onder behandeling zijn	лечити се	léčiti se
behandelen (ww)	лечити (nr)	léčiti
zorgen (zieken ~)	неговати (nr)	négovati
ziekenzorg (de)	нега (ж)	néga

operatie (de)	операција (ж)	operácija
verbinden (een arm ~)	превити (nr)	préviti
verband (het)	превијање (c)	prevíjanje

vaccin (het)	вакцинација (ж)	vakcinácija
inenten (vaccineren)	вакцинисати (nr)	vakcinísati
injectie (de)	ињекција (ж)	injékcija
een injectie geven	давати ињекцију	dávati injékciju

aanval (de)	напад (м)	nápad
amputatie (de)	ампутација (ж)	amputácija
amputeren (ww)	ампутирати (nr)	amputírati
coma (het)	кома (ж)	kóma
in coma liggen	бити у коми	bíti u kómi
intensieve zorg, ICU (de)	реанимација (ж)	reanimácija

zich herstellen (ww)	оздрављати (нг)	ódzdravljati
toestand (de)	стање (c)	stánje
bewustzijn (het)	свест (ж)	svest
geheugen (het)	памћење (c)	pámćenje
trekken (een kies ~)	вадити (nr)	váditi

vulling (de)	пломба (ж)	plómba
vullen (ww)	пломбирати (пг)	plombírati
hypnose (de)	хипноза (ж)	hipnóza
hypnotiseren (ww)	хипнотизирати (пг)	hipnotizírati

51. Artsen

dokter, arts (de)	лекар (м)	lékar
ziekenzuster (de)	медицинска сестра (ж)	médicinska séstra
lijfarts (de)	лични лекар (м)	líčni lékar
tandarts (de)	зубар (м)	zúbar
oogarts (de)	окулиста (м)	okulísta
therapeut (de)	терапеут (м)	terapéut
chirurg (de)	хирург (м)	hírurg
psychiater (de)	психијатар (м)	psihijátar
pediater (de)	педијатар (м)	pedíjatar
psycholoog (de)	психолог (м)	psihólog
gynaecoloog (de)	гинеколог (м)	ginekólog
cardioloog (de)	кардиолог (м)	kardiólog

52. Geneeskunde. Medicijnen. Accessoires

geneesmiddel (het)	лек (м)	lek
middel (het)	средство (с)	srédstvo
voorschrijven (ww)	преписивати (пг)	prepisívati
recept (het)	рецепт (м)	récept
tablet (de/het)	таблета (ж)	tabléta
zalf (de)	маст (ж)	mast
ampul (de)	ампула (ж)	ámpula
drank (de)	микстура (ж)	mikstúra
siroop (de)	сируп (м)	sírup
pil (de)	пилула (ж)	pílula
poeder (de/het)	прашак (м)	prášak
verband (het)	завој (м)	závoj
watten (mv.)	вата (ж)	váta
jodium (het)	јод (м)	jod
pleister (de)	фластер (м)	fláster
pipet (de)	пипета (ж)	pipéta
thermometer (de)	термометар (м)	térmometar
spuit (de)	шприц (м)	špric
rolstoel (de)	инвалидска колица (мн)	inválidska kolíca
krukken (mv.)	штаке (мн)	štáke
pijnstiller (de)	аналгетик (м)	analgétik
laxeermiddel (het)	лаксатив (м)	láksativ

spiritus (de)	**алкохол** (м)	álkohol
medicinale kruiden (mv.)	**лековито биље** (c)	lékovito bílje
kruiden- (abn)	**биљни**	bíljni

HET MENSELIJKE LEEFGEBIED

Stad

53. Stad. Het leven in de stad

stad (de)	град (м)	grad
hoofdstad (de)	главни град (м), престоница (ж)	glávni grad, préstonica
dorp (het)	село (c)	sélo
plattegrond (de)	план (м) града	plan gráda
centrum (ov. een stad)	центар (м) града	céntar gráda
voorstad (de)	предграђе (c)	prédgrađe
voorstads- (abn)	приградски	prígradski
randgemeente (de)	предграђе (c)	prédgrađe
omgeving (de)	околина (ж)	ókolina
blok (huizenblok)	четврт (ж)	čétvrt
woonwijk (de)	стамбена четврт (ж)	stámbena četvrt
verkeer (het)	саобраћај (м)	sáobraćaj
verkeerslicht (het)	семафор (м)	sémafor
openbaar vervoer (het)	градски превоз (м)	grádski prévoz
kruispunt (het)	раскрсница (ж)	ráskrsnica
zebrapad (oversteekplaats)	пешачки прелаз (м)	péšački prélaz
onderdoorgang (de)	подземни пролаз (м)	pódzemni prólaz
oversteken (de straat ~)	прелазити (пг)	prólaziti
voetganger (de)	пешак (м)	péšak
trottoir (het)	тротоар (м)	trotóar
brug (de)	мост (м)	most
dijk (de)	кеј (м)	kej
fontein (de)	чесма (ж)	čésma
allee (de)	алеја (ж)	aléja
park (het)	парк (м)	park
boulevard (de)	булевар (м)	bulévar
plein (het)	трг (м)	trg
laan (de)	авенија (ж)	avénija
straat (de)	улица (ж)	úlica
zijstraat (de)	споредна улица (ж)	spóredna úlica
doodlopende straat (de)	ћорсокак (м)	ćorsókak
huis (het)	кућа (ж)	kúća
gebouw (het)	зграда (ж)	zgráda
wolkenkrabber (de)	небодер (м)	néboder
gevel (de)	фасада (ж)	fasáda

dak (het)	кров (м)	krov
venster (het)	прозор (м)	prózor
boog (de)	лук (м)	luk
pilaar (de)	колона (ж)	kolóna
hoek (ov. een gebouw)	угао, ћошак (м)	úgao, ćóšak

vitrine (de)	излог (м)	ízlog
gevelreclame (de)	натпис (м)	nátpis
affiche (de/het)	плакат (м)	plákat
reclameposter (de)	рекламни постер (м)	réklamni póster
aanplakbord (het)	билборд (м)	bílbord

vuilnis (de/het)	смеће, ђубре (с)	smeće, đúbre
vuilnisbak (de)	корпа (ж) за смеће	kórpa za sméće
afval weggooien (ww)	бацати ђубре	bácati đúbre
stortplaats (de)	депонија (ж)	depónija

telefooncel (de)	говорница (ж)	góvornica
straatlicht (het)	стуб (м)	stub
bank (de)	клупа (ж)	klúpa

politieagent (de)	полицајац (м)	policájac
politie (de)	полиција (ж)	polícija
zwerver (de)	просјак (м)	prósjak
dakloze (de)	бескућник (м)	béskućnik

54. Stedelijke instellingen

winkel (de)	продавница (ж)	pródavnica
apotheek (de)	апотека (ж)	apotéka
optiek (de)	оптика (ж)	óptika
winkelcentrum (het)	тржни центар (м)	tŕžni céntar
supermarkt (de)	супермаркет (м)	supermárket

bakkerij (de)	пекара (ж)	pékara
bakker (de)	пекар (м)	pékar
banketbakkerij (de)	посластичарница (ж)	poslastičárnica
kruidenier (de)	бакалница (ж)	bakálnica
slagerij (de)	месара (ж)	mésara

| groentewinkel (de) | пиљарница (ж) | píljarnica |
| markt (de) | пијаца (ж) | píjaca |

koffiehuis (het)	кафић (м), кафана (ж)	káfić, kafána
restaurant (het)	ресторан (м)	restóran
bar (de)	пивница (ж)	pívnica
pizzeria (de)	пицерија (ж)	picérija

kapperssalon (de/het)	фризерски салон (м)	frízerski sálon
postkantoor (het)	пошта (ж)	póšta
stomerij (de)	хемијско чишћење (с)	hémijsko číšćenje
fotostudio (de)	фото атеље (м)	fóto atélje
schoenwinkel (de)	продавница (ж) обуће	pródavnica óbuće
boekhandel (de)	књижара (ж)	knjížara

sportwinkel (de)	спортска радња (ж)	spórtska rádnja
kledingreparatie (de)	поправка (ж) одеће	pópravka ódeće
kledingverhuur (de)	изнајмљивање (с) одеће	iznajmljívanje ódeće
videotheek (de)	изнајмљивање (с) филмова	iznajmljívanje fílmova

circus (de/het)	циркус (м)	církus
dierentuin (de)	зоолошки врт (м)	zoólóški vŕt
bioscoop (de)	биоскоп (м)	bíoskop
museum (het)	музеj (м)	múzej
bibliotheek (de)	библиотека (ж)	bibliotéka

theater (het)	позориште (с)	pózorište
opera (de)	опера (ж)	ópera
nachtclub (de)	ноћни клуб (м)	nóćni klub
casino (het)	коцкарница (ж)	kóckarnica

moskee (de)	џамија (ж)	džámija
synagoge (de)	синагога (ж)	sinagóga
kathedraal (de)	катедрала (ж)	katedrála
tempel (de)	храм (м)	hram
kerk (de)	црква (ж)	cŕkva

instituut (het)	институт (м)	instítut
universiteit (de)	универзитет (м)	univerzitét
school (de)	школа (ж)	škóla

gemeentehuis (het)	управа (ж)	úprava
stadhuis (het)	градска кућа (ж)	grádska kúća
hotel (het)	хотел (м)	hótel
bank (de)	банка (ж)	bánka

ambassade (de)	амбасада (ж)	ambasáda
reisbureau (het)	туристичка агенција (ж)	turística agéncija
informatieloket (het)	биро (с) за информације	bíro za informácije
wisselkantoor (het)	мењачница (ж)	menjáčnica

| metro (de) | метро (м) | métro |
| ziekenhuis (het) | болница (ж) | bólnica |

| benzinestation (het) | бензинска станица (ж) | bénzinska stánica |
| parking (de) | паркиралиште (с) | parkíralište |

55. Borden

gevelreclame (de)	натпис (м)	nátpis
opschrift (het)	натпис (м)	nátpis
poster (de)	плакат (м)	plákat
wegwijzer (de)	путоказ (м)	pútokaz
pijl (de)	стрелица (ж)	strélica

waarschuwing (verwittiging)	упозорење (с)	upozorénje
waarschuwingsbord (het)	знак (м) упозорења	znak upozorénja
waarschuwen (ww)	упозорити (пг)	upozóriti

vrije dag (de)	слободан дан (м)	slóbodan dan
dienstregeling (de)	распоред (м)	ráspored
openingsuren (mv.)	радно време (с)	rádno vréme

WELKOM!	ДОБРО ДОШЛИ!	DOBRO DOŠLI!
INGANG	УЛАЗ	ULAZ
UITGANG	ИЗЛАЗ	IZLAZ

DUWEN	ГУРАЈ	GURAJ
TREKKEN	ВУЦИ	VUCI
OPEN	ОТВОРЕНО	OTVORENO
GESLOTEN	ЗАТВОРЕНО	ZATVORENO

| DAMES | ЖЕНЕ | ŽENE |
| HEREN | МУШКАРЦИ | MUŠKARCI |

KORTING	ПОПУСТИ	POPUSTI
UITVERKOOP	РАСПРОДАЈА	RASPRODAJA
NIEUW!	НОВО!	NOVO!
GRATIS	БЕСПЛАТНО	BESPLATNO

PAS OP!	ПАЖЊА!	PAŽNJA!
VOLGEBOEKT	НЕМА СЛОБОДНИХ СОБА	NEMA SLOBODNIH SOBA
GERESERVEERD	РЕЗЕРВИСАНО	REZERVISANO

| ADMINISTRATIE | УПРАВА | UPRAVA |
| ALLEEN VOOR PERSONEEL | САМО ЗА ОСОБЉЕ | SAMO ZA OSOBLJE |

GEVAARLIJKE HOND	ЧУВАЈ СЕ ПСА	ČUVAJ SE PSA
VERBODEN TE ROKEN!	ЗАБРАЊЕНО ПУШЕЊЕ	ZABRANJENO PUŠENJE
NIET AANRAKEN!	НЕ ДИРАТИ	NE DIRATI

GEVAARLIJK	ОПАСНО	OPASNO
GEVAAR	ОПАСНОСТ	OPASNOST
HOOGSPANNING	ВИСОКИ НАПОН	VISOKI NAPON
VERBODEN TE ZWEMMEN	ЗАБРАЊЕНО КУПАЊЕ	ZABRANJENO KUPANJE
BUITEN GEBRUIK	НЕ РАДИ	NE RADI

ONTVLAMBAAR	ЗАПАЉИВО	ZAPALJIVO
VERBODEN	ЗАБРАЊЕНО	ZABRANJENO
DOORGANG VERBODEN	ЗАБРАЊЕН ПРОЛАЗ	ZABRANJEN PROLAZ
OPGELET PAS GEVERFD	СВЕЖЕ ОФАРБАНО	SVEŽE OFARBANO

56. Stedelijk vervoer

bus, autobus (de)	аутобус (м)	autóbus
tram (de)	трамвај (м)	trámvaj
trolleybus (de)	тролејбус (м)	troléjbus
route (de)	маршрута (ж)	maršrúta
nummer (busnummer, enz.)	број (м)	broj

| rijden met ... | ићи ... | íći ... |
| stappen (in de bus ~) | ући у ... | úći u ... |

afstappen (ww)	сићи (нг), изаћи из ...	síći, ízaći iz ...
halte (de)	станица (ж)	stánica
volgende halte (de)	следећа станица (ж)	slédeća stánica
eindpunt (het)	последња станица (ж)	póslednja stánica
dienstregeling (de)	ред (м) вожње	red vóžnje
wachten (ww)	чекати (нг, пг)	čékati

| kaartje (het) | карта (ж) | kárta |
| reiskosten (de) | цена (ж) карте | céna kárte |

kassier (de)	благајник (м)	blágajnik
kaartcontrole (de)	контрола (ж)	kontróla
controleur (de)	контролер (м)	kontróler

te laat zijn (ww)	каснити (нг)	kásniti
missen (de bus ~)	пропустити (пг)	propústiti
zich haasten (ww)	журити (нг)	žúriti

taxi (de)	такси (м)	táksi
taxichauffeur (de)	таксиста (м)	táksista
met de taxi (bw)	таксијем	táksijem
taxistandplaats (de)	такси станица (ж)	táksi stánica
een taxi bestellen	позвати такси	pózvati táksi
een taxi nemen	узети такси	úzeti taksi

verkeer (het)	саобраћај (м)	sáobraćaj
file (de)	гужва (ж)	gúžva
spitsuur (het)	шпиц (м)	špic
parkeren (on.ww.)	паркирати се	parkírati se
parkeren (ov.ww.)	паркирати (пг)	parkírati
parking (de)	паркиралиште (с)	parkíralište

metro (de)	метро (м)	métro
halte (bijv. kleine treinhalte)	станица (ж)	stánica
de metro nemen	ићи метроом	ići metróom
trein (de)	воз (м)	voz
station (treinstation)	железничка станица (ж)	žélezníčka stánica

57. Bezienswaardigheden

monument (het)	споменик (м)	spómenik
vesting (de)	тврђава (ж)	tvŕđava
paleis (het)	палата (ж)	paláta
kasteel (het)	замак (м)	zámak
toren (de)	кула (ж)	kúla
mausoleum (het)	маузолеј (м)	mauzólej

architectuur (de)	архитектура (ж)	arhitektúra
middeleeuws (bn)	средњовековни	srednjovékovni
oud (bn)	старински	starínski
nationaal (bn)	национални	nacionálni
bekend (bn)	чувен	čúven
toerist (de)	туриста (м)	turísta
gids (de)	водич (м)	vódič

rondleiding (de)	екскурзија (ж)	ekskúrzija
tonen (ww)	показивати (пг)	pokazívati
vertellen (ww)	причати (пг)	príčati

vinden (ww)	наћи (пг)	náći
verdwalen (de weg kwijt zijn)	изгубити се	izgúbiti se
plattegrond (~ van de metro)	мапа (ж)	mápa
plattegrond (~ van de stad)	план (м)	plan

souvenir (het)	сувенир (м)	suvénir
souvenirwinkel (de)	продавница (ж) сувенира	pródavnica suveníra
foto's maken	сликати (пг)	slíkati
zich laten fotograferen	сликати се	slíkati se

58. Winkelen

kopen (ww)	куповати (пг)	kupóvati
aankoop (de)	куповина (ж)	kupóvina
winkelen (ww)	ићи у шопинг	íći u šóping
winkelen (het)	куповина (ж)	kupóvina

| open zijn (ov. een winkel, enz.) | бити отворен | bíti ótvoren |
| gesloten zijn (ww) | бити затворен | bíti zátvoren |

schoeisel (het)	обућа (ж)	óbuća
kleren (mv.)	одећа (ж)	ódeća
cosmetica (mv.)	козметика (ж)	kozmétika
voedingswaren (mv.)	намирнице (мн)	námirnice
geschenk (het)	поклон (м)	póklon

| verkoper (de) | продавач (м) | prodávač |
| verkoopster (de) | продавачица (ж) | prodaváčica |

kassa (de)	благајна (ж)	blágajna
spiegel (de)	огледало (с)	oglédalo
toonbank (de)	тезга (ж)	tézga
paskamer (de)	кабина (ж)	kabína

aanpassen (ww)	пробати (пг)	próbati
passen (ov. kleren)	пристајати (нг)	prístajati
bevallen (prettig vinden)	свиђати се	svíđati se

prijs (de)	цена (ж)	céna
prijskaartje (het)	ценовник (м)	cénovnik
kosten (ww)	коштати (нг)	kóštati
Hoeveel?	Колико?	Kolíko?
korting (de)	попуст (м)	pópust

niet duur (bn)	није скуп	níje skup
goedkoop (bn)	јефтин	jéftin
duur (bn)	скуп	skup
Dat is duur.	То је скупо	To je skúpo
verhuur (de)	изнајмљивање (с)	iznajmljívanje

huren (smoking, enz.)	изнајмити (пr)	iznájmiti
krediet (het)	кредит (м)	krédit
op krediet (bw)	на кредит	na krédit

59. Geld

geld (het)	новац (м)	nóvac
ruil (de)	размена (ж)	rázmena
koers (de)	курс (м)	kurs
geldautomaat (de)	банкомат (м)	bánkomat
muntstuk (de)	новчић (м)	nóvčić

| dollar (de) | долар (м) | dólar |
| euro (de) | евро (м) | évro |

lire (de)	италијанска лира (ж)	itálijanska líra
Duitse mark (de)	немачка марка (ж)	némačka márka
frank (de)	франак (м)	frának
pond sterling (het)	фунта (ж)	fúnta
yen (de)	јен (м)	jen

schuld (geldbedrag)	дуг (м)	dug
schuldenaar (de)	дужник (м)	dúžnik
uitlenen (ww)	посудити	posúditi
lenen (geld ~)	позајмити (пr)	pozájmiti

bank (de)	банка (ж)	bánka
bankrekening (de)	рачун (м)	ráčun
storten (ww)	положити (пr)	polóžiti
op rekening storten	положити на рачун	polóžiti na ráčun
opnemen (ww)	подићи са рачуна	pódići sa račúna

kredietkaart (de)	кредитна картица (ж)	kréditna kártica
baar geld (het)	готовина (ж)	gótovina
cheque (de)	чек (м)	ček
een cheque uitschrijven	написати чек	napísati ček
chequeboekje (het)	чековна књижица (ж)	čékovna knjížica

portefeuille (de)	новчаник (м)	novčánik
geldbeugel (de)	новчаник (м)	novčánik
safe (de)	сеф (м)	sef

erfgenaam (de)	наследник (м)	následnik
erfenis (de)	наследство (c)	následstvo
fortuin (het)	богатство (c)	bogátstvo

huur (de)	закуп, најам (м)	zákup, nájam
huurprijs (de)	станарина (ж)	stánarina
huren (huis, kamer)	изнајмити (пr)	iznájmiti

prijs (de)	цена (ж)	céna
kostprijs (de)	вредност (ж)	vrédnost
som (de)	износ (м)	íznos
uitgeven (geld besteden)	трошити (пr)	tróšiti

kosten (mv.)	трошкови (мн)	tróškovi
bezuinigen (ww)	штедети (нг, пг)	štédeti
zuinig (bn)	штедљив	štédljiv
betalen (ww)	платити (нг, пг)	plátiti
betaling (de)	плаћање (с)	pláćanje
wisselgeld (het)	кусур (м)	kúsur
belasting (de)	порез (м)	pórez
boete (de)	новчана казна (ж)	nóvčana kázna
beboeten (bekeuren)	кажњавати (пг)	kažnjávati

60. Post. Postkantoor

postkantoor (het)	пошта (ж)	póšta
post (de)	пошта (ж)	póšta
postbode (de)	поштар (м)	póštar
openingsuren (mv.)	радно време (с)	rádno vréme
brief (de)	писмо (с)	písmo
aangetekende brief (de)	препоручено писмо (с)	préporučeno písmo
briefkaart (de)	разгледница (ж)	rázglednica
telegram (het)	телеграм (м)	télegram
postpakket (het)	пакет (м)	páket
overschrijving (de)	пренос (м) новца	prénos nóvca
ontvangen (ww)	примити (пг)	prímiti
sturen (zenden)	послати (пг)	póslati
verzending (de)	слање (с)	slánje
adres (het)	адреса (ж)	adrésa
postcode (de)	поштански број (м)	póštanski broj
verzender (de)	пошиљалац (м)	póšiljalac
ontvanger (de)	прималац (м)	prímalac
naam (de)	име (с)	íme
achternaam (de)	презиме (с)	prézime
tarief (het)	тарифа (ж)	tarífa
standaard (bn)	обичан	óbičan
zuinig (bn)	економичан	ekónomičan
gewicht (het)	тежина (ж)	težína
afwegen (op de weegschaal)	вагати (пг)	vágati
envelop (de)	коверат (м)	kovérat
postzegel (de)	поштанска марка (ж)	poštanska márka
een postzegel plakken op	лепити марку	lépiti márku

Woning. Huis. Thuis

61. Huis. Elektriciteit

elektriciteit (de)	струја (ж)	strúja
lamp (de)	сијалица (ж)	síjalica
schakelaar (de)	прекидач (м)	prekídač
zekering (de)	осигурач (м)	osigúrač
draad (de)	жица (ж), кабл (м)	žíca, kabl
bedrading (de)	електрична инсталација (ж)	eléktrična instalácija
elektriciteitsmeter (de)	струјомер (м)	strújomer
gegevens (mv.)	стање (с)	stánje

62. Villa. Herenhuis

landhuisje (het)	сеоска кућа (ж)	séoska kúća
villa (de)	вила (ж)	víla
vleugel (de)	крило (с)	krílo
tuin (de)	врт (м)	vŕt
park (het)	парк (м)	park
oranjerie (de)	стакленик (м)	stáklenik
onderhouden (tuin, enz.)	припазити на ...	pripaziti na ...
zwombad (het)	базен (м)	bázen
gym (het)	теретана (ж)	teretána
tennisveld (het)	тениски терен (м)	téniski téren
bioscoopkamer (de)	кућни биоскоп (м)	kúćni bíoskop
garage (de)	гаража (ж)	garáža
privé-eigendom (het)	приватна својина (ж)	prívatna svójina
eigen terrein (het)	приватни посед (м)	prívatni pósed
waarschuwing (de)	упозорење (с)	upozorénje
waarschuwingsbord (het)	знак (м) упозорења	znak upozorénja
bewaking (de)	обезбеђење (с)	obezbeđénje
bewaker (de)	чувар (м)	čúvar
inbraakalarm (het)	аларм (м)	alárm

63. Appartement

appartement (het)	стан (м)	stan
kamer (de)	соба (ж)	sóba

slaapkamer (de)	спаваћа соба (ж)	spávaća sóba
eetkamer (de)	трпезарија (ж)	trpezárija
salon (de)	дневна соба (ж)	dnévna sóba
studeerkamer (de)	кабинет (м)	kabínet

gang (de)	ходник (м)	hódnik
badkamer (de)	купатило (с)	kupátilo
toilet (het)	тоалет (м)	toálet

plafond (het)	плафон (м)	pláfon
vloer (de)	под (м)	pod
hoek (de)	угао, ћошак (м)	úgao, ćóšak

64. Meubels. Interieur

meubels (mv.)	намештај (м)	námeštaj
tafel (de)	сто (м)	sto
stoel (de)	столица (ж)	stólica
bed (het)	кревет (м)	krévet
bankstel (het)	диван (м)	dívan
fauteuil (de)	фотеља (ж)	fotélja

| boekenkast (de) | орман (м) за књиге | órman za knjíge |
| boekenrek (het) | полица (ж) | pólica |

kledingkast (de)	орман (м)	órman
kapstok (de)	вешалица (ж)	véšalica
staande kapstok (de)	чивилук (м)	číviluk

| commode (de) | комода (ж) | komóda |
| salontafeltje (het) | столић (м) за кафу | stólic za kafu |

spiegel (de)	огледало (с)	oglédalo
tapijt (het)	тепих (м)	tépih
tapijtje (het)	ћилимче (с)	ćilímče

haard (de)	камин (м)	kámin
kaars (de)	свећа (ж)	svéća
kandelaar (de)	свећњак (м)	svéćnjak

gordijnen (mv.)	завесе (мн)	závese
behang (het)	тапете (мн)	tapéte
jaloezie (de)	ролетна (ж)	róletna

| bureaulamp (de) | стона лампа (ж) | stóna lámpa |
| wandlamp (de) | зидна светиљка (ж) | zídna svétiljka |

| staande lamp (de) | подна лампа (ж) | pódna lámpa |
| luchter (de) | лустер (м) | lúster |

poot (ov. een tafel, enz.)	нога (ж)	nóga
armleuning (de)	наслон (м) за руку	náslon za rúku
rugleuning (de)	наслон (м)	náslon
la (de)	фиока (ж)	fióka

65. Beddengoed

beddengoed (het)	постељина (ж)	posteljína
kussen (het)	јастук (м)	jástuk
kussenovertrek (de)	јастучница (ж)	jástučnica
deken (de)	јорган (м)	jórgan
laken (het)	чаршав (м)	čáršav
sprei (de)	покривач (м)	pokrívač

66. Keuken

keuken (de)	кухиња (ж)	kúhinja
gas (het)	гас (м)	gas
gasfornuis (het)	плински шпорет (м)	plínski špóret
elektrisch fornuis (het)	електрични шпорет (м)	eléktrični šporet
oven (de)	рерна (ж)	rérna
magnetronoven (de)	микроталасна рерна (ж)	mikrotálasna rérna

koelkast (de)	фрижидер (м)	frížider
diepvriezer (de)	замрзивач (м)	zamrzívač
vaatwasmachine (de)	машина (ж) за прање судова	mašína za pránje súdova

vleesmolen (de)	млин (м) за месо	mlin za méso
vruchtenpers (de)	соковник (м)	sókovnik
toaster (de)	тостер (м)	tóster
mixer (de)	миксер (м)	míkser

koffiemachine (de)	апарат (м) за кафу	apárat za káfu
koffiepot (de)	лонче (с) за кафу	lónče za káfu
koffiemolen (de)	млин (м) за кафу	mlin za káfu

fluitketel (de)	кувало, чајник (м)	kúvalo, čájnik
theepot (de)	чајник (м)	čájnik
deksel (de/het)	поклопац (м)	póklopac
theezeefje (het)	цедиљка (ж)	cédiljka

lepel (de)	кашика (ж)	kášika
theelepeltje (het)	кашичица (ж)	kášičica
eetlepel (de)	супена кашика (ж)	súpena kášika
vork (de)	виљушка (ж)	víljuška
mes (het)	нож (м)	nož

vaatwerk (het)	посуђе (с)	pósuđe
bord (het)	тањир (м)	tánjir
schoteltje (het)	тацна (ж)	tácna

likeurglas (het)	чашица (ж)	čášica
glas (het)	чаша (ж)	čáša
kopje (het)	шоља (ж)	šólja

suikerpot (de)	шећерница (ж)	šéćernica
zoutvat (het)	сланик (м)	slánik

| pepervat (het) | биберница (ж) | bíbernica |
| boterschaaltje (het) | посуда (ж) за маслац | pósuda za máslac |

pan (de)	шерпа (ж), лонац (м)	šerpa, lónac
bakpan (de)	тигањ (м)	tíganj
pollepel (de)	кутлача (ж)	kútlača
vergiet (de/het)	цедиљка (ж)	cédiljka
dienblad (het)	послужавник (м)	poslúžavnik

fles (de)	боца, флаша (ж)	bóca, fláša
glazen pot (de)	тегла (ж)	tégla
blik (conserven~)	лименка (ж)	límenka

flesopener (de)	отварач (м)	otvárač
blikopener (de)	отварач (м)	otvárač
kurkentrekker (de)	вадичеп (м)	vádičep
filter (de/het)	филтар (м)	fíltar
filteren (ww)	филтрирати (пг)	filtrírati

| huisvuil (het) | смеће, ђубре (с) | smeće, đúbre |
| vuilnisemmer (de) | канта (ж) за ђубре | kánta za đúbre |

67. Badkamer

badkamer (de)	купатило (с)	kupátilo
water (het)	вода (ж)	vóda
kraan (de)	славина (ж)	slávina
warm water (het)	топла вода (ж)	tópla vóda
koud water (het)	хладна вода (ж)	hládna vóda

tandpasta (de)	паста (ж) за зубе	pásta za zúbe
tanden poetsen (ww)	прати зубе	práti zúbe
tandenborstel (de)	четкица (ж) за зубе	čétkica za zúbe

zich scheren (ww)	бријати се	bríjati se
scheercrème (de)	пена (ж) за бријање	péna za bríjanje
scheermes (het)	бријач (м)	bríjač

wassen (ww)	прати (пг)	práti
een bad nemen	купати се	kúpati se
douche (de)	туш (м)	tuš
een douche nemen	туширати се	tušírati se

bad (het)	када (ж)	káda
toiletpot (de)	ВЦ шоља (ж)	VC šólja
wastafel (de)	лавабо (м)	lavábo

| zeep (de) | сапун (м) | sápun |
| zeepbakje (het) | кутија (ж) за сапун | kútija za sápun |

spons (de)	сунђер (м)	súnđer
shampoo (de)	шампон (м)	šámpon
handdoek (de)	пешкир (м)	péškir
badjas (de)	баде мантил (м)	báde mántil

was (bijv. handwas)	прање (c)	pránje
wasmachine (de)	веш машина (ж)	veš mašína
de was doen	прати веш	práti veš
waspoeder (de)	прашак (м) за веш	prášak za veš

68. Huishoudelijke apparaten

televisie (de)	телевизор (м)	televízor
cassettespeler (de)	касетофон (м)	kasetofon
videorecorder (de)	видео рекордер (м)	vídeo rekórder
radio (de)	радио (м)	rádio
speler (de)	плејер (м)	pléjer

videoprojector (de)	видео пројектор (м)	vídeo projéktor
home theater systeem (het)	кућни биоскоп (м)	kúćni bíoskop
DVD-speler (de)	ДВД плејер (м)	DVD plejer
versterker (de)	појачало (c)	pojáčalo
spelconsole (de)	играћа конзола (ж)	ígraća konzóla

videocamera (de)	видеокамера (ж)	vídeokámera
fotocamera (de)	фотоапарат (м)	fotoapárat
digitale camera (de)	дигитални фотоапарат (м)	dígitalni fotoapárat

stofzuiger (de)	усисивач (м)	usisívač
strijkijzer (het)	пегла (ж)	pégla
strijkplank (de)	даска (ж) за пеглање	dáska za péglanje

telefoon (de)	телефон (м)	teléfon
mobieltje (het)	мобилни телефон (м)	móbilni teléfon
schrijfmachine (de)	писаћа машина (ж)	písaća mašína
naaimachine (de)	шиваћа машина (ж)	šívaća mašína

microfoon (de)	микрофон (м)	míkrofon
koptelefoon (de)	слушалице (мн)	şlúšalice
afstandsbediening (de)	даљински управљач (м)	daljínski uprávljač

CD (de)	ЦД диск (м)	CD disk
cassette (de)	касета (ж)	kaséta
vinylplaat (de)	плоча (ж)	plóča

MENSELIJKE ACTIVITEITEN

Baan. Business. Deel 1

69. Kantoor. Op kantoor werken

kantoor (het)	биро (с)	bíro
kamer (de)	кабинет (м)	kabínet
receptie (de)	рецепција (ж)	recépcija
secretaris (de)	секретар (м)	sekrétar
secretaresse (de)	секретарица (ж)	sekretárica
directeur (de)	директор (м)	dírektor
manager (de)	менаџер (м)	ménadžer
boekhouder (de)	књиговођа (м)	knjígovođa
werknemer (de)	радник (м)	rádnik
meubilair (het)	намештај (м)	námeštaj
tafel (de)	сто (м)	sto
bureaustoel (de)	столица (ж)	stólica
ladeblok (het)	мобилна касета (ж)	móbilna kaseta
kapstok (de)	чивилук (м)	číviluk
computer (de)	рачунар (м)	račúnar
printer (de)	штампач (м)	štámpač
fax (de)	факс (м)	faks
kopieerapparaat (het)	фотокопир (м)	fotokópir
papier (het)	папир (м)	pápir
kantoorartikelen (mv.)	канцеларијски прибор (м)	kancelárijski príbor
muismat (de)	подлога (ж) за миша	pódloga za miša
blad (het)	лист (м)	list
ordner (de)	фасцикла (ж)	fáscikla
catalogus (de)	каталог (м)	katálog
telefoongids (de)	телефонски именик (м)	teléfonski ímenik
documentatie (de)	документација (ж)	dokumentácija
brochure (de)	брошура (ж)	brošúra
flyer (de)	летак (м)	létak
monster (het), staal (de)	узорак (м)	úzorak
training (de)	тренинг (м)	tréning
vergadering (de)	састанак (м)	sástanak
lunchpauze (de)	пауза (ж) за ручак	páuza za rúčak
een kopie maken	направити копију	nápraviti kópiju
de kopieën maken	направити копије	nápraviti kópije
een fax ontvangen	примати факс	prímati faks

een fax versturen	послати факс	póslati faks
opbellen (ww)	позвати (пг)	pózvati
antwoorden (ww)	јавити се	jáviti se
doorverbinden (ww)	повезати (пг)	povézati

afspreken (ww)	наместити (пг)	námestiti
demonstreren (ww)	показати (пг)	pokázati
absent zijn (ww)	одсуствовати (нг)	ódsustvovati
afwezigheid (de)	пропуштање (с)	propúštanje

70. Bedrijfsprocessen. Deel 1

bedrijf (business)	посао (м)	pósao
zaak (de), beroep (het)	занимање (с)	zanímanje
firma (de)	фирма (ж)	fírma
bedrijf (maatschap)	компанија (ж)	kompánija
corporatie (de)	корпорација (ж)	korporácija
onderneming (de)	предузеће (с)	preduzéće
agentschap (het)	агенција (ж)	agéncija

overeenkomst (de)	споразум (м)	spórazum
contract (het)	уговор (м)	úgovor
transactie (de)	погодба (ж)	pógodba
bestelling (de)	наруџбина (ж)	narudžbina
voorwaarde (de)	услов (м)	úslov

in het groot (bw)	на велико	na véliko
groothandels- (abn)	на велико	na véliko
groothandel (de)	велепродаја (ж)	velepródaja
kleinhandels- (abn)	малопродајни	malopródajni
kleinhandel (de)	малопродаја (ж)	malopródaja

concurrent (de)	конкурент (м)	konkúrent
concurrentie (de)	конкуренција (ж)	konkuréncija
concurreren (ww)	конкурисати (пг)	konkúrisati

partner (de)	партнер (м)	pártner
partnerschap (het)	партнерство (с)	pártnerstvo

crisis (de)	криза (ж)	kríza
bankroet (het)	банкротство (с)	bankrótstvo
bankroet gaan (ww)	банкротирати (нг)	bankrotírati
moeilijkheid (de)	потешкоћа (ж)	poteškóća
probleem (het)	проблем (м)	próblem
catastrofe (de)	катастрофа (ж)	katastrófa

economie (de)	економика (ж)	ekonómika
economisch (bn)	економски	ekónomski
economische recessie (de)	економски пад (м)	ekónomski pad

doel (het)	циљ (м)	cilj
taak (de)	задатак (м)	zadátak
handelen (handel drijven)	трговати (нг)	trgóvati
netwerk (het)	мрежа (ж)	mréža

| voorraad (de) | залихе (мн) | zálihe |
| assortiment (het) | асортиман (м) | asortíman |

leider (de)	вођа (м)	vóđa
groot (bn)	велик	vélik
monopolie (het)	монопол (м)	mónopol

theorie (de)	теорија (ж)	téorija
praktijk (de)	пракса (ж)	práksa
ervaring (de)	искуство (с)	iskústvo
tendentie (de)	тенденција (ж)	tendéncija
ontwikkeling (de)	развој (м)	rázvoj

71. Bedrijfsprocessen. Deel 2

| voordeel (het) | профит (м), добит (ж) | prófit, dóbit |
| voordelig (bn) | пробитачан | próbitačan |

delegatie (de)	делегација (ж)	delegácija
salaris (het)	плата, зарада (ж)	pláta, zárada
corrigeren (fouten ~)	исправљати (пг)	íspravljati
zakenreis (de)	службено путовање (с)	slúžbeno putovánje
commissie (de)	комисија (ж)	komísija

controleren (ww)	контролисати (пг)	kontrólisati
conferentie (de)	конференција (ж)	konferéncija
licentie (de)	лиценца (ж)	licénca
betrouwbaar (partner, enz.)	поуздан	póuzdan

aanzet (de)	иницијатива (ж)	inicijatíva
norm (bijv. ~ stellen)	норма (ж)	nórma
omstandigheid (de)	околност (ж)	okólnost
taak, plicht (de)	дужност (ж)	dúžnost

organisatie (bedrijf, zaak)	организација (ж)	organizácija
organisatie (proces)	организација (ж)	organizácija
georganiseerd (bn)	организован	orgánizovan
afzegging (de)	отказивање (с)	otkazívanje
afzeggen (ww)	отказати (пг)	otkázati
verslag (het)	извештај (м)	ízveštaj

patent (het)	патент (м)	pátent
patenteren (ww)	патентирати (пг)	patentírati
plannen (ww)	планирати (пг)	planírati

premie (de)	бонус (м)	bónus
professioneel (bn)	професионалан	prófesionalan
procedure (de)	поступак (м)	póstupak

onderzoeken (contract, enz.)	размотрити (пг)	razmótriti
berekening (de)	обрачун (м)	óbračun
reputatie (de)	репутација (ж)	reputácija
risico (het)	ризик (м)	rízik
beheren (managen)	руководити (пг)	rukovóditi

informatie (de)	информације (мн)	informácije
eigendom (bezit)	својина (ж)	svojína
unie (de)	савез (м)	sávez

levensverzekering (de)	животно осигурање (с)	žívotno osiguránje
verzekeren (ww)	осигурати (пг)	osigúrati
verzekering (de)	осигурање (с)	osiguránje

veiling (de)	лицитација (ж)	licitácija
verwittigen (ww)	обавестити (пг)	obavéstiti
beheer (het)	управљање (с)	úpravljanje
dienst (de)	услуга (ж)	úsluga

forum (het)	форум (м)	fórum
functioneren (ww)	функционисати (нг)	funkcionísati
stap, etappe (de)	етапа (ж)	etápa
juridisch (bn)	правни	právni
jurist (de)	правник (м)	právnik

72. Productie. Werken

industriële installatie (fabriek)	фабрика (ж)	fábrika
fabriek (de)	фабрика (ж)	fábrika
werkplaatsruimte (de)	радионица (ж)	radiónica
productielocatie (de)	производња (ж)	próizvodnja

industrie (de)	индустрија (ж)	indústrija
industrieel (bn)	индустријски	indústrijski
zware industrie (de)	тешка индустрија (ж)	téška indústrija
lichte industrie (de)	лака индустрија (ж)	láka indústrija

productie (de)	производ (м)	proízvod
produceren (ww)	производити (пг)	proizvóditi
grondstof (de)	сировине (мн)	sírovine

voorman, ploegbaas (de)	бригадир, предрадник (м)	brigádir, prédradnik
ploeg (de)	екипа (ж)	ekípa
arbeider (de)	радник (м)	rádnik

werkdag (de)	радни дан (м)	rádni dan
pauze (de)	станка (ж)	stánka
samenkomst (de)	састанак (м)	sástanak
bespreken (spreken over)	расправљати (пг)	ráspravljati

plan (het)	план (м)	plan
het plan uitvoeren	испунити план	íspuniti plan
productienorm (de)	норма (ж) производње	nórma próizvodnje
kwaliteit (de)	квалитет (м)	kvalítet
controle (de)	контрола (ж)	kontróla
kwaliteitscontrole (de)	контрола (ж) квалитета	kontróla kvalitéta

arbeidsveiligheid (de)	безбедност (ж) на раду	bezbédnost na rádu
discipline (de)	дисциплина (ж)	disciplína
overtreding (de)	кршење (с)	kŕšenje

overtreden (ww)	кршити (nr)	kŕšiti
staking (de)	штрајк (м)	štrajk
staker (de)	штрајкач (м)	štrájkač
staken (ww)	штрајковати (нг)	štrájkovati
vakbond (de)	синдикат (м)	sindíkat

uitvinden (machine, enz.)	проналазити (nr)	pronálaziti
uitvinding (de)	проналазак, изум (м)	pronálazak, ízum
onderzoek (het)	истраживање (c)	istražívanje
verbeteren (beter maken)	побољшати (nr)	pobóljšati
technologie (de)	технологија (ж)	tehnológija
technische tekening (de)	цртеж (м)	cŕtež

vracht (de)	терет (м)	téret
lader (de)	утоваривач (м)	utovarívač
laden (vrachtwagen)	товарити (nr)	tóvariti
laden (het)	утовар (м)	útovar
lossen (ww)	истоваривати (nr)	istovarívati
lossen (het)	истовар (м)	ístovar

transport (het)	превоз (м)	prévoz
transportbedrijf (de)	транспортно предузеће (c)	tránsportno preduzéće
transporteren (ww)	превозити (nr)	prevóziti

goederenwagon (de)	теретни вагон (м)	téretni vágon
tank (bijv. ketelwagen)	цистерна (ж)	cistérna
vrachtwagen (de)	камион (м)	kamíon

machine (de)	строј (м), машина (ж) токарски	stroj, mašina токарски
mechanisme (het)	механизам (м)	mehanízam

industrieel afval (het)	отпад (м)	ótpad
verpakking (de)	паковање (c)	pákovanje
verpakken (ww)	упаковати (nr)	upakóvati

73. Contract. Overeenstemming

contract (het)	уговор (м)	úgovor
overeenkomst (de)	споразум (м)	spórazum
bijlage (de)	прилог (м)	prílog

een contract sluiten	склопити уговор	sklópiti úgovor
handtekening (de)	потпис (м)	pótpis
ondertekenen (ww)	потписати (nr)	potpísati
stempel (de)	печат (м)	péčat

voorwerp (het) van de overeenkomst	предмет (м) уговора	prédmet úgovora
clausule (de)	тачка (ж)	táčka
partijen (mv.)	стране (мн)	stráne
vestigingsadres (het)	легална адреса (ж)	légalna adrésa
het contract verbreken (overtreden)	прекршити уговор	prékršiti úgovor

verplichting (de)	обавеза (ж)	óbaveza
verantwoordelijkheid (de)	одговорност (ж)	odgovórnost
overmacht (de)	виша сила (ж)	viša sila
geschil (het)	спор (м)	spor
sancties (mv.)	казне (мн)	kázne

74. Import & Export

import (de)	увоз (м)	úvoz
importeur (de)	увозник (м)	úvoznik
importeren (ww)	импортирати, увозити	importírati, uvóziti
import- (abn)	увозни	úvozni
uitvoer (export)	извоз (м)	ízvoz
exporteur (de)	извозник (м)	ízvoznik
exporteren (ww)	извозити (пг)	izvóziti
uitvoer- (bijv., ~goederen)	извозни	ízvozni
goederen (mv.)	роба (ж)	róba
partij (de)	партија (ж)	pártija
gewicht (het)	тежина (ж)	težína
volume (het)	запремина (ж)	zápremina
kubieke meter (de)	кубни метар (м)	kúbni métar
producent (de)	произвођач (м)	proizvóđač
transportbedrijf (de)	превозник (м)	prévoznik
container (de)	контејнер (м)	kontéjner
grens (de)	граница (ж)	gránica
douane (de)	царина (ж)	cárina
douanerecht (het)	царинска дажбина (ж)	cárinska dážbina
douanier (de)	цариник (м)	cárinik
smokkolon (het)	шверц (м)	šverc
smokkelwaar (de)	шверцована роба (ж)	švércovana róba

75. Financiën

aandeel (het)	акција (ж)	ákcija
obligatie (de)	обвезница (ж)	óbveznica
wissel (de)	меница (ж)	ménica
beurs (de)	берза (ж)	bérza
aandelenkoers (de)	цена (ж) акција	céna ákcija
dalen (ww)	појефтинити (пг)	pojeftíniti
stijgen (ww)	поскупјети (пг)	poskúpjeti
deel (het)	удео (м)	údeo
meerderheidsbelang (het)	контролни пакет (м)	kóntrolni páket
investeringen (mv.)	инвестиција (ж)	investícija
investeren (ww)	инвестирати (нг, пг)	investírati

procent (het)	процент, постотак (м)	prócenat, póstotak
rente (de)	камата (ж)	kámata

winst (de)	профит (м)	prófit
winstgevend (bn)	профитабилан	prófitabilan
belasting (de)	порез (м)	pórez

valuta (vreemde ~)	валута (ж)	valúta
nationaal (bn)	национални	nacionálni
ruil (de)	размена (ж)	rázmena

boekhouder (de)	књиговођа (м)	knjígovođa
boekhouding (de)	књиговодство (с)	knjigovódstvo

bankroet (het)	банкротство (с)	bankrótstvo
ondergang (de)	крах (м)	krah
faillissement (het)	пропаст (ж)	própast
geruïneerd zijn (ww)	пропасти (нг)	própasti
inflatie (de)	инфлација (ж)	inflácija
devaluatie (de)	девалвација (ж)	devalvácija

kapitaal (het)	капитал (м)	kapítal
inkomen (het)	приход (м)	príhod
omzet (de)	промет (м)	prómet
middelen (mv.)	ресурси (мн)	resúrsi
financiële middelen (mv.)	новац (м)	nóvac
operationele kosten (mv.)	режијски трошкови (мн)	réžijski tróškovi
reduceren (kosten ~)	смањити (нг)	smánjiti

76. Marketing

marketing (de)	маркетинг (м)	márketing
markt (de)	тржиште (с)	tŕžište
marktsegment (het)	тржишни сегмент (м)	tŕžišni ségment
product (het)	производ (м)	proízvod
goederen (mv.)	роба (ж)	róba

merk (het)	марка (ж), бренд (м)	márka, brend
handelsmerk (het)	заштитни знак (м)	záštitni znak
beeldmerk (het)	логотип, лого (м)	lógotip, lógo
logo (het)	лого (м)	lógo
vraag (de)	потражња (ж)	pótražnja
aanbod (het)	понуда (ж)	pónuda
behoefte (de)	потреба (ж)	pótreba
consument (de)	потрошач (м)	potróšač

analyse (de)	анализа (ж)	analíza
analyseren (ww)	анализирати (нг)	analizírati
positionering (de)	позиционирање (с)	pozicioníranje
positioneren (ww)	позиционирати (нг)	pozicionírati

prijs (de)	цена (ж)	céna
prijspolitiek (de)	политика (ж) цена	polítika céna
prijsvorming (de)	формирање (с) цена	formíranje céna

77. Reclame

reclame (de)	реклама (ж)	reklama
adverteren (ww)	рекламирати (пг)	reklamírati
budget (het)	буџет (м)	búdžet

advertentie, reclame (de)	реклама (ж)	reklama
TV-reclame (de)	телевизијска реклама (ж)	televízijska reklama
radioreclame (de)	радио оглашавање (с)	rádio oglašávanje
buitenreclame (de)	спољна реклама (ж)	spóljna réklama

massamedia (de)	масовни медији (мн)	másovni médiji
periodiek (de)	периодично издање (с)	periódično izdánje
imago (het)	имиџ (м)	ímidž

slagzin (de)	слоган (м)	slógan
motto (het)	девиза (ж)	devíza

campagne (de)	кампања (ж)	kampánja
reclamecampagne (de)	рекламна кампања (ж)	réklamna kampánja
doelpubliek (het)	циљна група (ж)	cíljna grúpa

visitekaartje (het)	визиткарта (ж)	vízitkarta
flyer (de)	летак (м)	létak
brochure (de)	брошура (ж)	brošúra
folder (de)	брошура (ж)	brošúra
nieuwsbrief (de)	билтен (м)	bílten

gevelreclame (de)	натпис (м)	nátpis
poster (de)	плакат (м)	plákat
aanplakbord (het)	билборд (м)	bílbord

78. Bankieren

bank (de)	банка (ж)	bánka
bankfiliaal (het)	експозитура (ж)	ekspozitúra

bankbediende (de)	банкарски службеник (м)	bánkarski slúžbenik
manager (de)	менаџер (м)	ménadžer

bankrekening (de)	рачун (м)	ráčun
rekeningnummer (het)	број (м) рачуна	broj ráčuna
lopende rekening (de)	текући рачун (м)	tékući ráčun
spaarrekening (de)	штедни рачун (м)	štédni ráčun

een rekening openen	отворити рачун	ótvoriti ráčun
de rekening sluiten	затворити рачун	zatvóriti ráčun
op rekening storten	поставити на рачун	póstaviti na ráčun
opnemen (ww)	подићи са рачуна	pódići sa račúna

storting (de)	депозит (м)	depózit
een storting maken	ставити новац на рачун	stáviti nóvac na ráčun
overschrijving (de)	трансфер (м) новца	tránsfer nóvca

een overschrijving maken	послати новац	póslati nóvac
som (de)	износ (м)	íznos
Hoeveel?	Колико?	Kolíko?

| handtekening (de) | потпис (м) | pótpis |
| ondertekenen (ww) | потписати (пг) | potpísati |

kredietkaart (de)	кредитна картица (ж)	kréditna kártica
code (de)	код (м)	kod
kredietkaartnummer (het)	број (м) кредитне картице	broj kréditne kártice
geldautomaat (de)	банкомат (м)	bánkomat

cheque (de)	чек (м)	ček
een cheque uitschrijven	написати чек	napísati ček
chequeboekje (het)	чековна књижица (ж)	čékovna knjížica

lening, krediet (de)	кредит (м)	krédit
een lening aanvragen	затражити кредит	zátražiti krédit
een lening nemen	узимати кредит	uzímati krédit
een lening verlenen	давати кредит	dávati krédit
garantie (de)	гаранција (ж)	garáncija

79. Telefoon. Telefoongesprek

telefoon (de)	телефон (м)	teléfon
mobieltje (het)	мобилни телефон (м)	móbilni teléfon
antwoordapparaat (het)	секретарица (ж)	sekretárica

| bellen (ww) | звати (пг) | zváti |
| belletje (telefoontje) | позив (м) | póziv |

| een nummer draaien | позвати број | pózvati broj |
| Hallo! | Хало! | Hálo! |

| vragen (ww) | упитати (пг) | upítati |
| antwoorden (ww) | јавити се | jáviti se |

| horen (ww) | чути (нг, пг) | čúti |
| goed (bw) | добро | dóbro |

| slecht (bw) | лоше | loše |
| storingen (mv.) | сметње (мн) | smétnje |

hoorn (de)	слушалица (ж)	slúšalica
opnemen (ww)	подићи слушалицу	pódići slúšalicu
ophangen (ww)	спустити слушалицу	spústiti slúšalicu

bezet (bn)	заузето	záuzeto
overgaan (ww)	звонити (нг)	zvóniti
telefoonboek (het)	телефонски именик (м)	teléfonski ímenik

lokaal (bn)	локалан	lókalan
interlokaal (bn)	међуградски	međugrádski
buitenlands (bn)	међународни	međunárodni

80. Mobiele telefoon

mobieltje (het)	мобилни телефон (м)	móbilni teléfon
scherm (het)	дисплеј (м)	displéj
toets, knop (de)	дугме (с)	dúgme
simkaart (de)	СИМ картица (ж)	SIM kártica
batterij (de)	батерија (ж)	báterija
leeg zijn (ww)	испразнити се	isprázniti se
acculader (de)	пуњач (м)	púnjač
menu (het)	мени (м)	méni
instellingen (mv.)	подешавања (мн)	podešávanja
melodie (beltoon)	мелодија (ж)	mélodija
selecteren (ww)	изабрати (пг)	izábrati
rekenmachine (de)	калкулатор (м)	kalkulátor
voicemail (de)	говорна пошта (ж)	góvorna póšta
wekker (de)	будилник (м)	búdilnik
contacten (mv.)	контакти (мн)	kóntakti
SMS-bericht (het)	СМС порука (ж)	SMS póruka
abonnee (de)	претплатник (м)	prétplatnik

81. Schrijfbehoeften

balpen (de)	хемијска оловка (ж)	hémijska ólovka
vulpen (de)	наливперо (с)	nálivpero
potlood (het)	оловка (ж)	ólovka
marker (de)	маркер (м)	márker
viltstift (de)	фломастер (м)	flómaster
notitieboekje (het)	нотес (м)	nótes
agenda (boekje)	роковник (м)	rokóvnik
liniaal (de/het)	лењир (м)	lénjir
rekenmachine (de)	калкулатор (м)	kalkulátor
gom (de)	гумица (ж)	gúmica
punaise (de)	пајснадла (ж)	pájsnadla
paperclip (de)	спајалица (ж)	spájalica
lijm (de)	лепак (м)	lépak
nietmachine (de)	хефталица (ж)	héftalica
perforator (de)	бушилица (ж) за папир	búšilica za pápir
potloodslijper (de)	резач (м)	rézač

82. Soorten bedrijven

reclame (de)	реклама (ж)	rekláma
reclamebureau (het)	рекламна агенција (ж)	réklamna agéncija

boekhouddiensten (mv.)	рачуноводствене услуге (мн)	računovódstvene úsluge
airconditioning (de)	клима уређаји (мн)	klíma úređaji
luchtvaartmaatschappij (de)	авио-компанија (ж)	ávio-kompánija

alcoholische dranken (mv.)	алкохолна пића (мн)	álkoholna píća
antiek (het)	антиквитет (м)	antikvitét
kunstgalerie (de)	уметничка галерија (ж)	umétnička gálerija
audit diensten (mv.)	ревизорске услуге (мн)	revízorske úsluge

banken (mv.)	банкарство (с)	bankárstvo
bar (de)	бар (м)	bar
schoonheidssalon (de/het)	козметички салон (м)	kozmétički sálon
boekhandel (de)	књижара (ж)	knjížara
bierbrouwerij (de)	пивара (ж)	pívara
zakencentrum (het)	пословни центар (м)	póslovni céntar
business school (de)	пословна школа (ж)	póslovna škóla

casino (het)	коцкарница (ж)	kóckarnica
bouwbedrijven (mv.)	грађевинарство (с)	građevinárstvo
adviesbureau (het)	консалтинг (м)	konsálting

tandheelkunde (de)	стоматологија (ж)	stomatológija
design (het)	дизајн (м)	dízajn
apotheek (de)	апотека (ж)	apotéka
stomerij (de)	хемијско чишћење (с)	hémijsko číšćenje
uitzendbureau (het)	регрутна агенција (ж)	régrutna agéncija

financiële diensten (mv.)	финансијске услуге (мн)	finánsijske úsluge
voedingswaren (mv.)	намирнице (мн)	námirnice
uitvaartcentrum (het)	погребно предузеће (с)	pógrebno preduzéće
meubilair (het)	намештај (м)	námeštaj
kleding (de)	одећа (ж)	ódeća
hotel (het)	хотел (м)	hótel

ijsje (het)	сладолед (м)	sládoled
industrie (de)	индустрија (ж)	indústrija
verzekering (de)	осигурање (с)	osiguránje
Internet (het)	интернет (м)	ínternet
investeringen (mv.)	инвестиције (мн)	investícije

juwelier (de)	златар (м)	zlátar
juwelen (mv.)	накит (м)	nákit
wasserette (de)	перионица (ж)	periónica
juridische diensten (mv.)	правне услуге (мн)	právne úsluge
lichte industrie (de)	лака индустрија (ж)	láka indústrija

tijdschrift (het)	часопис (м)	čásopis
postorderbedrijven (mv.)	каталошка продаја (ж)	katáloška pródaja
medicijnen (mv.)	медицина (ж)	medicína
bioscoop (de)	биоскоп (м)	bíoskop
museum (het)	музеј (м)	múzej

persbureau (het)	новинска агенција (ж)	nóvinska agéncija
krant (de)	новине (мн)	nóvine
nachtclub (de)	ноћни клуб (м)	nóćni klub

olie (aardolie)	нафта (ж)	náfta
koerierdienst (de)	курирска служба (ж)	kúrirska slúžba
farmacie (de)	фармацеутика (ж)	farmacéutika
drukkerij (de)	полиграфија (ж)	poligráfija
uitgeverij (de)	издавачка кућа (ж)	izdávačka kúća

radio (de)	радио (м)	rádio
vastgoed (het)	некретнина (ж)	nekretnína
restaurant (het)	ресторан (м)	restóran

bewakingsfirma (de)	агенција (ж) за обезбеђење	agéncija za obezbeđénje
sport (de)	спорт (м)	sport
handelsbeurs (de)	берза (ж)	bérza
winkel (de)	продавница (ж)	pródavnica
supermarkt (de)	супермаркет (м)	supermárket
zwembad (het)	базен (м)	bázen

naaiatelier (het)	кројачка радња (ж)	krójačka rádnja
televisie (de)	телевизија (ж)	televízija
theater (het)	позориште (с)	pózorište
handel (de)	трговина (ж)	trgóvina
transport (het)	превоз (м)	prévoz
toerisme (het)	туризам (м)	turízam

dierenarts (de)	ветеринар (м)	veterínar
magazijn (het)	складиште (с)	skládište
afvalinzameling (de)	односење (с) смећа	ódnošenje sméća

Baan. Business. Deel 2

83. Show. Tentoonstelling

beurs (de)	изложба (ж)	ízložba
vakbeurs, handelsbeurs (de)	трговински сајам (м)	trgóvinski sájam
deelneming (de)	учешће (с)	účešće
deelnemen (ww)	учествовати (нг)	účestvovati
deelnemer (de)	учесник (м)	účesnik
directeur (de)	директор (м)	dírektor
organisatiecomité (het)	дирекција (ж)	dirékcija
organisator (de)	организатор (м)	organízator
organiseren (ww)	организовати (нг)	orgánizovati
deelnemingsaanvraag (de)	пријава (ж) за излагаче	príjava za izlagače
invullen (een formulier ~)	попунити (нг)	pópuniti
details (mv.)	детаљи (мн)	détalji
informatie (de)	информација (ж)	informácija
prijs (de)	цена (ж)	céna
inclusief (bijv. ~ BTW)	укључујући	uključujući
inbegrepen (alles ~)	укључивати (нг)	uključívati
betalen (ww)	платити (нг, нг)	plátiti
registratietarief (het)	уписнина (ж)	upisnína
ingang (de)	улаз (м)	úlaz
paviljoen (het), hal (de)	павиљон (м)	pavíljon
registreren (ww)	регистровати (нг)	régistrovati
badge, kaart (de)	беџ (м), ИД картица (ж)	bédž, ID kartica
beursstand (de)	штанд (м)	štand
reserveren (een stand ~)	резервисати (нг)	rezervísati
vitrine (de)	витрина (ж)	vitrína
licht (het)	рефлектор (м)	réflektor
design (het)	дизајн (м)	dízajn
plaatsen (ww)	сместати (нг)	sméštati
geplaatst zijn (ww)	бити постављен	bíti póstavljen
distributeur (de)	дистрибутер (м)	distribúter
leverancier (de)	добављач (м)	dobávljač
leveren (ww)	снабдевати (нг)	snabdévati
land (het)	земља (ж)	zémlja
buitenlands (bn)	стран	stran
product (het)	производ (м)	proízvod
associatie (de)	удружење (с)	udružénje
conferentiezaal (de)	сала (ж) за конференције	sála za konferéncije

congres (het)	конгрес (м)	kóngres
wedstrijd (de)	конкурс (м)	kónkurs
bezoeker (de)	посетилац (м)	posétilac
bezoeken (ww)	посећивати (пг)	posećívati
afnemer (de)	муштерија (м)	muštérija

84. Wetenschap. Onderzoek. Wetenschappers

wetenschap (de)	наука (ж)	náuka
wetenschappelijk (bn)	научни	náučni
wetenschapper (de)	научник (м)	náučnik
theorie (de)	теорија (ж)	téorija
axioma (het)	аксиом (м)	aksíom
analyse (de)	анализа (ж)	analíza
analyseren (ww)	анализирати (пг)	analizírati
argument (het)	аргумент (м)	argúment
substantie (de)	материја, супстанца (ж)	máterija, supstánca
hypothese (de)	хипотеза (ж)	hipotéza
dilemma (het)	дилема (ж)	diléma
dissertatie (de)	дисертација (ж)	disertácija
dogma (het)	догма (ж)	dógma
doctrine (de)	доктрина (ж)	doktrína
onderzoek (het)	истраживање (с)	istražívanje
onderzoeken (ww)	истраживати (пг)	istražívati
toetsing (de)	контрола (ж)	kontróla
laboratorium (het)	лабораторија (ж)	laboratórija
methode (de)	метода (ж)	metóda
molecule (de/het)	молекул (м)	molékul
monitoring (de)	мониторинг, надзор (м)	monitóring, nádzor
ontdekking (de)	откриће (с)	otkríće
postulaat (het)	постулат (м)	postúlat
principe (het)	принцип (м)	príncip
voorspelling (de)	прогноза (ж)	prognóza
een prognose maken	прогнозирати (пг)	prognozírati
synthese (de)	синтеза (ж)	sintéza
tendentie (de)	тенденција (ж)	tendéncija
theorema (het)	теорема (ж)	teoréma
leerstellingen (mv.)	учење (с)	účenje
feit (het)	чињеница (ж)	čínjenica
expeditie (de)	експедиција (ж)	ekspedícija
experiment (het)	експеримент (м)	eksperíment
academicus (de)	академик (м)	akadémik
bachelor (bijv. BA, LLB)	бакалавр (м)	bákalavr
doctor (de)	доктор (м)	dóktor
universitair docent (de)	доцент (м)	dócent

| master, magister (de) | **магистар** (м) | magístar |
| professor (de) | **професор** (м) | prófesor |

Beroepen en ambachten

baan (de)	посао (м)	pósao
carrière (de)	каријера (ж)	karijéra
vooruitzichten (mv.)	изгледи (мн)	ízgledi
meesterschap (het)	мајсторство (с)	májstorstvo

keuze (de)	одабирање (с)	odábiranje
uitzendbureau (het)	регрутна агенција (ж)	régrutna agéncija
CV, curriculum vitae (het)	резиме (м)	rezíme
sollicitatiegesprek (het)	разговор (м) за посао	rázgovor za pósao
vacature (de)	слободно место (с)	slóbodno mésto

salaris (het)	плата, зарада (ж)	pláta, zárada
vaste salaris (het)	фиксна зарада (ж)	fíksna zárada
loon (het)	плата (ж)	pláta

betrekking (de)	положај (м)	póložaj
taak, plicht (de)	дужност (ж)	dúžnost
takenpakket (het)	радни задаци (мн)	rádni zadáci
bezig (~ zijn)	заузет	záuzet

| ontslagen (ww) | отпустити (пг) | otpústiti |
| ontslag (het) | отпуст (м) | ótpust |

werkloosheid (de)	незапосленост (ж)	nezáposlenost
werkloze (de)	незапослен (м)	nezáposlen
pensioen (het)	пензија (ж)	pénzija
met pensioen gaan	отићи у пензију	ótići u pénziju

directeur (de)	директор (м)	dírektor
beheerder (de)	менаџер (м)	ménadžer
hoofd (het)	шеф (м)	šef

baas (de)	шеф, начелник (м)	šef, náčelnik
superieuren (mv.)	руководство (с)	rúkovodstvo
president (de)	председник (м)	prédsednik
voorzitter (de)	председник (м)	prédsednik

adjunct (de)	заменик (м)	zámenik
assistent (de)	помоћник (м)	pomóćnik
secretaris (de)	секретар (м),	sekrétar,
	секретарица (ж)	sekretárica
persoonlijke assistent (de)	лични секретар (м)	líčni sekrétar

zakenman (de)	бизнисмен (м)	bíznismen
ondernemer (de)	предузетник (м)	preduzétnik
oprichter (de)	оснивач (м)	osnívač
oprichten (een nieuw bedrijf ~)	основати (пг)	osnóvati

stichter (de)	оснивач (м)	osnívač
partner (de)	партнер (м)	pártner
aandeelhouder (de)	акционар (м)	akciónar

miljonair (de)	милионер (м)	milióner
miljardair (de)	милијардер (м)	milijárder
eigenaar (de)	власник (м)	vlásnik
landeigenaar (de)	земљопоседник (м)	zemljopósednik

klant (de)	клијент (м)	klíjent
vaste klant (de)	стална муштерија (м)	stálna múšterija
koper (de)	купац (м)	kúpac
bezoeker (de)	посетилац (м)	posétilac

professioneel (de)	професионалац (м)	profesionálac
expert (de)	експерт (м)	ékspert
specialist (de)	стручњак (м)	strúčnjak

bankier (de)	банкар (м)	bánkar
makelaar (de)	брокер (м)	bróker

kassier (de)	благајник (м)	blágajnik
boekhouder (de)	књиговођа (м)	knjígovođa
bewaker (de)	чувар (м)	čúvar

investeerder (de)	инвеститор (м)	invéstitor
schuldenaar (de)	дужник (м)	dúžnik
crediteur (de)	зајмодавац, поверилац (м)	zajmodávac, povérilac
lener (de)	зајмопримац (м)	zajmoprímac

importeur (de)	увозник (м)	úvoznik
exporteur (de)	извозник (м)	ízvoznik

producent (de)	произвођач (м)	proizvóđač
distributeur (de)	дистрибутер (м)	distribúter
bemiddelaar (de)	посредник (м)	pósrednik

adviseur, consulent (de)	саветодавац (м)	savetodávac
vertegenwoordiger (de)	представник (м)	prédstavnik
agent (de)	агент (м)	ágent
verzekeringsagent (de)	агент (м) осигурања	ágent osiguránja

87. Dienstverlenende beroepen

kok (de)	кувар (м)	kúvar
chef-kok (de)	главни кувар (м)	glávni kúvar
bakker (de)	пекар (м)	pékar
barman (de)	бармен (м)	bármen

kelner, ober (de)	конобар (м)	kónobar
serveerster (de)	конобарица (ж)	konobárica
advocaat (de)	адвокат (м)	advókat
jurist (de)	правник (м)	právnik
notaris (de)	јавни бележник (м)	jávni béležnik
elektricien (de)	електричар (м)	eléktričar
loodgieter (de)	водоинсталатер (м)	vodoinstaláter
timmerman (de)	столар (м)	stólar
masseur (de)	масер (м)	máser
masseuse (de)	масерка (ж)	máserka
dokter, arts (de)	лекар (м)	lékar
taxichauffeur (de)	таксиста (м)	táksista
chauffeur (de)	возач (м)	vózač
koerier (de)	курир (м)	kúrir
kamermeisje (het)	собарица (ж)	sóbarica
bewaker (de)	чувар (м)	čúvar
stewardess (de)	стјуардеса (ж)	stjuardésa
meester (de)	учитељ (м)	účitelj
bibliothecaris (de)	библиотекар (м)	bibliotékar
vertaler (de)	преводилац (м)	prevódilac
tolk (de)	преводилац (м)	prevódilac
gids (de)	водич (м)	vódič
kapper (de)	фризер (м)	frízer
postbode (de)	поштар (м)	póštar
verkoper (de)	продавач (м)	prodávač
tuinman (de)	баштован (м)	báštovan
huisbediende (de)	слуга (м)	slúga
dienstmeisje (het)	слушкиња (ж)	slúškinja
schoonmaakster (de)	чистачица (ж)	čistáčica

88. Militaire beroepen en rangen

soldaat (rang)	редов (м)	rédov
sergeant (de)	наредник (м)	nárednik
luitenant (de)	поручник (м)	póručnik
kapitein (de)	капетан (м)	kapétan
majoor (de)	мајор (м)	májor
kolonel (de)	пуковник (м)	púkovnik
generaal (de)	генерал (м)	genéral
maarschalk (de)	маршал (м)	máršal
admiraal (de)	адмирал (м)	admíral
militair (de)	војно лице (с)	vójno líce
soldaat (de)	војник (м)	vójnik
officier (de)	официр (м)	ofícir

commandant (de)	командант (м)	komándant
grenswachter (de)	граничар (м)	gráničar
marconist (de)	радио оператер (м)	rádio operáter
verkenner (de)	извиђач (м)	izvíđač
sappeur (de)	деминер (м)	demíner
schutter (de)	стрелац (м)	strélac
stuurman (de)	навигатор (м)	navígator

89. Ambtenaren. Priesters

koning (de)	краљ (м)	kralj
koningin (de)	краљица (ж)	králjica
prins (de)	принц (м)	princ
prinses (de)	принцеза (ж)	princéza
tsaar (de)	цар (м)	car
tsarina (de)	царица (ж)	cárica
president (de)	председник (м)	prédsednik
minister (de)	министар (м)	mínistar
eerste minister (de)	премијер (м)	prémijer
senator (de)	сенатор (м)	sénator
diplomaat (de)	дипломат (м)	diplómat
consul (de)	конзул (м)	kónzul
ambassadeur (de)	амбасадор (м)	ambásador
adviseur (de)	саветник (м)	sávetnik
ambtenaar (de)	чиновник (м)	činóvnik
prefect (de)	префект (м)	préfekt
burgemeester (de)	градоначелник (м)	gradonáčelnik
rechter (de)	судија (м)	súdija
aanklager (de)	тужилац (м)	túžilac
missionaris (de)	мисионар (м)	misiónar
monnik (de)	монах (м)	mónah
abt (de)	опат (м)	ópat
rabbi, rabbijn (de)	рабин (м)	rábin
vizier (de)	везир (м)	vézir
sjah (de)	шах (м)	šah
sjeik (de)	шеик (м)	šéik

90. Agrarische beroepen

imker (de)	пчелар (м)	pčélar
herder (de)	пастир, чобан (м)	pástir, čóban
landbouwkundige (de)	агроном (м)	agrónom
veehouder (de)	сточар (м)	stóčar
dierenarts (de)	ветеринар (м)	veterínar

landbouwer (de)	фармер (м)	fármer
wijnmaker (de)	винар (м)	vínar
zoöloog (de)	зоолог (м)	zoólog
cowboy (de)	каубој (м)	káuboj

91. Kunst beroepen

| acteur (de) | глумац (м) | glúmac |
| actrice (de) | глумица (ж) | glúmica |

| zanger (de) | певач (м) | pévač |
| zangeres (de) | певачица (ж) | peváčica |

| danser (de) | плесач (м) | plésač |
| danseres (de) | плесачица (ж) | plesáčica |

| artiest (mann.) | Уметник (м) | Úmetnik |
| artiest (vrouw.) | Уметница (ж) | Úmetnica |

muzikant (de)	музичар (м)	múzičar
pianist (de)	пијаниста (м)	pijanísta
gitarist (de)	гитариста (м)	gitárista

orkestdirigent (de)	диригент (м)	dírigent
componist (de)	композитор (м)	kompózitor
impresario (de)	импресарио (м)	impresário

filmregisseur (de)	редитељ (м)	réditelj
filmproducent (de)	продуцент (м)	prodúcent
scenarioschrijver (de)	сценариста (м)	scenárista
criticus (de)	критичар (м)	krítičar

schrijver (de)	писац (м)	písac
dichter (de)	песник (м)	pésnik
beeldhouwer (de)	вајар (м)	vájar
kunstenaar (de)	сликар (м)	slíkar

jongleur (de)	жонглер (м)	žóngler
clown (de)	кловн (м)	klovn
acrobaat (de)	акробата (м)	akróbata
goochelaar (de)	мађионичар (м)	mađióničar

92. Verschillende beroepen

dokter, arts (de)	лекар (м)	lékar
ziekenzuster (de)	медицинска сестра (ж)	médicinska séstra
psychiater (de)	психијатар (м)	psihijátar
tandarts (de)	стоматолог (м)	stomatólog
chirurg (de)	хирург (м)	hírurg

| astronaut (de) | астронаут (м) | astronáut |
| astronoom (de) | астроном (м) | astrónom |

piloot (de)	пилот (м)	pílot
chauffeur (de)	возач (м)	vózač
machinist (de)	машиновођа (м)	mašinóvođa
mecanicien (de)	механичар (м)	meháničar

mijnwerker (de)	рудар (м)	rúdar
arbeider (de)	радник (м)	rádnik
bankwerker (de)	бравар (м)	brávar
houtbewerker (de)	столар (м)	stólar
draaier (de)	стругар (м)	strúgar
bouwvakker (de)	грађевинар (м)	građevínar
lasser (de)	варилац (м)	várilac

professor (de)	професор (м)	prófesor
architect (de)	архитекта (м)	arhitékta
historicus (de)	историчар (м)	istóričar
wetenschapper (de)	научник (м)	náučnik
fysicus (de)	физичар (м)	fízičar
scheikundige (de)	хемичар (м)	hémičar

archeoloog (de)	археолог (м)	arheólog
geoloog (de)	геолог (м)	geólog
onderzoeker (de)	истраживач (м)	istraživač

| babysitter (de) | дадиља (ж) | dádilja |
| leraar, pedagoog (de) | учитељ, наставник (м) | účitelj, nástavnik |

redacteur (de)	уредник (м)	úrednik
chef-redacteur (de)	главни уредник (м)	glávni úrednik
correspondent (de)	дописник (м)	dópisnik
typiste (de)	дактилографкиња (ж)	daktilógrafkinja

designer (de)	дизајнер (м)	dizájner
computerexpert (de)	компјутерски стручњак (м)	kompjúterski strúčnjak
programmeur (de)	програмер (м)	prográmer
ingenieur (de)	инжењер (м)	inžénjer

matroos (de)	поморац, морнар (м)	pómorac, mórnar
zeeman (de)	морнар (м)	mórnar
redder (de)	спасилац (м)	spásilac

brandweerman (de)	ватрогасац (м)	vatrogásac
politieagent (de)	полицајац (м)	policájac
nachtwaker (de)	чувар (м)	čúvar
detective (de)	детектив (м)	detéktiv

douanier (de)	цариник (м)	cárinik
lijfwacht (de)	телохранитељ (м)	telohránitelj
gevangenisbewaker (de)	чувар (м)	čúvar
inspecteur (de)	инспектор (м)	ínspektor

sportman (de)	спортиста (м)	sportísta
trainer (de)	тренер (м)	tréner
slager, beenhouwer (de)	касапин (м)	kásapin
schoenlapper (de)	обућар (м)	óbućar
handelaar (de)	трговац (м)	t̕rgovac

lader (de)	утоваривач (м)	utovarívač
kledingstilist (de)	модни креатор (м)	módni kreátor
model (het)	манекенка (ж)	manékenka

93. Beroepen. Sociale status

| scholier (de) | ђак (м) | đak |
| student (de) | студент (м) | stúdent |

filosoof (de)	филозоф (м)	filózof
econoom (de)	економиста (м)	ekonómista
uitvinder (de)	проналазач (м)	pronalázač

werkloze (de)	незапослен (м)	nezáposlen
gepensioneerde (de)	пензионер (м)	penzióner
spion (de)	шпијун (м)	špíjun

gedetineerde (de)	затвореник (м)	zatvorénik
staker (de)	штрајкач (м)	štrájkač
bureaucraat (de)	бирократа (м)	birókrata
reiziger (de)	путник (м)	pútnik

homoseksueel (de)	хомосексуалац (м)	homoseksuálac
hacker (computerkraker)	хакер (м)	háker
hippie (de)	хипији (мн)	hípiji

bandiet (de)	бандит (м)	bándit
huurmoordenaar (de)	плаћени убица (м)	pláćeni úbica
drugsverslaafde (de)	наркоман (м)	nárkoman
drugshandelaar (de)	продавац (м) дроге	prodávac dróge
prostituee (de)	проститутка (ж)	próstitutka
pooier (de)	макро (м)	mákro

tovenaar (de)	чаробњак (м)	čaróhnjak
tovenares (de)	чаробница (ж)	čárobnica
piraat (de)	гусар (м)	gúsar
slaaf (de)	роб (м)	rob
samoerai (de)	самурај (м)	samúraj
wilde (de)	дивљак (м)	dívljak

Onderwijs

94. School

school (de)	школа (ж)	škóla
schooldirecteur (de)	директор (м)	dírektor
leerling (de)	ученик (м)	účenik
leerlinge (de)	ученица (ж)	účenica
scholier (de)	школарац, ђак (м)	škólarac, đak
scholiere (de)	школарка, ђак (ж)	škólarka, đak
leren (lesgeven)	учити (пг)	účiti
studeren (bijv. een taal ~)	учити (пг)	účiti
van buiten leren	учити напамет	účiti nápamet
leren (bijv. ~ tellen)	учити (нг)	účiti
in school zijn	ходати у школу	hódati u školu
(schooljongen zijn)		
naar school gaan	ићи у школу	íći u škólu
alfabet (het)	азбука, абецеда (ж)	ázbuka, abecéda
vak (schoolvak)	предмет (м)	prédmet
klaslokaal (het)	учионица (ж)	učiónica
les (de)	час (м)	čas
pauze (de)	одмор (м)	ódmor
bel (de)	звоно (с)	zvóno
schooltafel (de)	клупа (ж)	klúpa
schoolbord (het)	школска табла (ж)	škólska tábla
cijfer (het)	оцена (ж)	ócena
goed cijfer (het)	добра оцена (ж)	dóbra ócena
slecht cijfer (het)	лоша оцена (ж)	lóša ócena
een cijfer geven	давати оцену	dávati ócenu
fout (de)	грешка (ж)	gréška
fouten maken	правити грешке	práviti gréške
corrigeren (fouten ~)	исправљати (пг)	íspravljati
spiekbriefje (het)	пушкица (ж)	púškica
huiswerk (het)	домаћи задатак (м)	dómaći zadátak
oefening (de)	вежба (ж)	véžba
aanwezig zijn (ww)	присуствовати (нг)	prísustvovati
absent zijn (ww)	одсуствовати (нг)	ódsustvovati
school verzuimen	пропуштати школу	propúštati škólu
bestraffen (een stout kind ~)	кажњавати (пг)	kažnjávati
bestraffing (de)	казна (ж)	kázna

gedrag (het)	понашање (с)	ponášanje
cijferlijst (de)	ђачка књижица (ж)	đáčka knjížica
potlood (het)	оловка (ж)	ólovka
gom (de)	гумица (ж)	gúmica
krijt (het)	креда (ж)	kréda
pennendoos (de)	перница (ж)	pérnica
boekentas (de)	торба (ж)	tórba
pen (de)	оловка (ж)	ólovka
schrift (de)	свеска (ж)	svéska
leerboek (het)	уџбеник (м)	údžbenik
passer (de)	шестар (м)	šéstar
technisch tekenen (ww)	цртати (нг, пг)	cŕtati
technische tekening (de)	цртеж (м)	cŕtež
gedicht (het)	песма (ж)	pésma
van buiten (bw)	напамет	nápamet
van buiten leren	учити напамет	účiti nápamet
vakantie (de)	распуст (м)	ráspust
met vakantie zijn	бити на распусту	bíti na ráspustu
vakantie doorbrengen	провести распуст	próvesti ráspust
toets (schriftelijke ~)	контролни рад (м)	kóntrolni rad
opstel (het)	састав (м)	sástav
dictee (het)	диктат (м)	díktat
examen (het)	испит (м)	íspit
examen afleggen	полагати испит	polágati íspit
experiment (het)	експеримент (м)	eksperíment

95. Hogeschool. Universiteit

academie (de)	академија (ж)	akadémija
universiteit (de)	универзитет (м)	univerzitét
faculteit (de)	факултет (м)	fakúltet
student (de)	студент (м)	stúdent
studente (de)	студенткиња (ж)	stúdentkinja
leraar (de)	предавач (м)	predávač
collegezaal (de)	слушаоница (ж)	slušaónica
afgestudeerde (de)	дипломац (м)	diplómac
diploma (het)	диплома (ж)	diplóma
dissertatie (de)	дисертација (ж)	disertácija
onderzoek (het)	истраживање (с)	istraživanje
laboratorium (het)	лабораторија (ж)	laboratórija
college (het)	предавање (с)	predávanje
medestudent (de)	факултетски друг (м)	fakúltetski drug
studiebeurs (de)	стипендија (ж)	stipéndija
academische graad (de)	академски степен (м)	ákademski stépen

96. Wetenschappen. Disciplines

wiskunde (de)	математика (ж)	matemátika
algebra (de)	алгебра (ж)	álgebra
meetkunde (de)	геометрија (ж)	geométrija

astronomie (de)	астрономија (ж)	astronómija
biologie (de)	биологија (ж)	biológija
geografie (de)	географија (ж)	geográfija
geologie (de)	геологија (ж)	geológija
geschiedenis (de)	историја (ж)	istórija

geneeskunde (de)	медицина (ж)	medicína
pedagogiek (de)	педагогија (ж)	pedagógija
rechten (mv.)	право (с)	právo

fysica, natuurkunde (de)	физика (ж)	fízika
scheikunde (de)	хемија (ж)	hémija
filosofie (de)	филозофија (ж)	filozófija
psychologie (de)	психологија (ж)	psihológija

97. Schrift. Spelling

grammatica (de)	граматика (ж)	gramátika
vocabulaire (het)	лексикон (м)	léksikon
fonetiek (de)	фонетика (ж)	fonétika

zelfstandig naamwoord (het)	именица (ж)	ímenica
bijvoeglijk naamwoord (het)	придев (м)	prídev
werkwoord (het)	глагол (м)	glágol
bijwoord (het)	прилог (м)	prílog

voornaamwoord (het)	заменица (ж)	zámenica
tussenwerpsel (het)	узвик (м)	úzvik
voorzetsel (het)	предлог (м)	prédlog

stam (de)	корен (м) речи	koŕen réči
achtervoegsel (het)	наставак (м)	nástavak
voorvoegsel (het)	префикс (м)	préfiks
lettergreep (de)	слог (м)	slog
achtervoegsel (het)	суфикс (м)	súfiks

nadruk (de)	акцент (м)	ákcent
afkappingsteken (het)	апостроф (м)	ápostrof

punt (de)	тачка (ж)	táčka
komma (de/het)	зарез (м)	zárez
puntkomma (de)	тачка (ж) и зарез	táčka i zárez
dubbelpunt (de)	две тачке (мн)	dve táčke
beletselteken (het)	три тачке (мн)	tri táčke

vraagteken (het)	упитник (м)	úpitnik
uitroepteken (het)	ускличник, узвичник (м)	úskličnik, úzvičnik

aanhalingstekens (mv.)	наводници (мн)	návodnici
tussen aanhalingstekens (bw)	под наводницима	pod návodnicima
haakjes (mv.)	заграда (ж)	zágrada
tussen haakjes (bw)	у загради	u zágradi

streepje (het)	цртица (ж)	cŕtica
gedachtestreepje (het)	повлака (ж)	póvlaka
spatie	размак (м)	rázmak
(~ tussen twee woorden)		

| letter (de) | слово (с) | slóvo |
| hoofdletter (de) | велико слово (с) | véliko slóvo |

| klinker (de) | самогласник (м) | sámoglasnik |
| medeklinker (de) | сугласник (м) | súglasnik |

zin (de)	реченица (ж)	rečénica
onderwerp (het)	субјект (м)	súbjekt
gezegde (het)	предикат (м)	prédikat

regel (in een tekst)	ред (м)	red
op een nieuwe regel (bw)	у новом реду	u nóvom rédu
alinea (de)	пасус (м)	pásus

woord (het)	реч (ж)	reč
woordgroep (de)	група (ж) речи	grúpa réči
uitdrukking (de)	израз (м)	ízraz
synoniem (het)	синоним (м)	sinónim
antoniem (het)	антоним (м)	antónim

regel (de)	правило (с)	právilo
uitzondering (de)	изузетак (м)	izuzétak
correct (bijv. ~e spelling)	исправан	íspravan

vervoeging, conjugatie (de)	коњугација (ж)	konjugácija
verbuiging, declinatie (de)	деклинација (ж)	deklinácija
naamval (de)	падеж (м)	pádež
vraag (de)	питање (с)	pítanje
onderstrepen (ww)	подвући (пг)	pódvući
stippellijn (de)	испрекидана линија (ж)	isprékidana línija

98. Vreemde talen

taal (de)	језик (м)	jézik
vreemd (bn)	стран	stran
vreemde taal (de)	страни језик (м)	stráni jézik
leren (bijv. van buiten ~)	студирати (пг)	studírati
studeren (Nederlands ~)	учити (пг)	účiti

lezen (ww)	читати (нг, пг)	čítati
spreken (ww)	говорити (нг)	govóriti
begrijpen (ww)	разумевати (пг)	razumévati
schrijven (ww)	писати (пг)	písati
snel (bw)	брзо	bŕzo

langzaam (bw)	споро, полако	spóro, poláko
vloeiend (bw)	течно	téčno

regels (mv.)	правила (мн)	právila
grammatica (de)	граматика (ж)	gramátika
vocabulaire (het)	лексикон (м)	léksikon
fonetiek (de)	фонетика (ж)	fonétika

leerboek (het)	уџбеник (м)	údžbenik
woordenboek (het)	речник (м)	réčnik
leerboek (het) voor zelfstudie	приручник (м)	príručnik
taalgids (de)	приручник (м) за конверзацију	príručnik za konverzáciju

cassette (de)	касета (ж)	kaséta
videocassette (de)	видео касета (ж)	vídeo kaséta
CD (de)	ЦД диск (м)	CD disk
DVD (de)	ДВД (м)	DVD

alfabet (het)	азбука, абецеда (ж)	ázbuka, abecéda
spellen (ww)	спеловати (пг)	spélovati
uitspraak (de)	изговор (м)	ízgovor

accent (het)	нагласак (м)	náglasak
met een accent (bw)	са нагласком	sa náglaskom
zonder accent (bw)	без нагласка	bez náglaska

woord (het)	реч (ж)	reč
betekenis (de)	смисао (м)	smísao

cursus (de)	течај (м)	téčaj
zich inschrijven (ww)	уписати се	upísati se
leraar (de)	професор (м)	prófesor

vertaling (een ~ maken)	превођење (с)	prevóđenje
vertaling (tekst)	превод (м)	prévod
vertaler (de)	преводилац (м)	prevódilac
tolk (de)	преводилац (м)	prevódilac

polyglot (de)	полиглота (м)	poliglóta
geheugen (het)	памћење (с)	pámćenje

Rusten. Entertainment. Reizen

99. Trip. Reizen

toerisme (het)	туризам (м)	turízam
toerist (de)	туриста (м)	turísta
reis (de)	путовање (с)	putovánje
avontuur (het)	авантура (ж)	avantúra
tocht (de)	путовање (с)	putovánje
vakantie (de)	одмор (м)	ódmor
met vakantie zijn	бити на годишњем одмору	bíti na gódišnjem ódmoru
rust (de)	одмор (м)	ódmor
trein (de)	воз (м)	voz
met de trein	возом	vózom
vliegtuig (het)	авион (м)	avíon
met het vliegtuig	авионом	aviónom
met de auto	колима, аутом	kólima, áutom
per schip (bw)	бродом	bródom
bagage (de)	пртљаг (м)	pŕtljag
valies (de)	кофер (м)	kófer
bagagekarretje (het)	колица (мн) за пртљаг	kolíca za pŕtljag
paspoort (het)	пасош (м)	pásoš
visum (het)	виза (ж)	víza
kaartje (het)	карта (ж)	kárta
vliegticket (het)	авионска карта (ж)	aviónska kárta
reisgids (de)	водич (м)	vódič
kaart (de)	мапа (ж)	mápa
gebied (landelijk ~)	подручје (с)	pódručje
plaats (de)	место (с)	mésto
exotische bestemming (de)	егзотика (ж)	egzótika
exotisch (bn)	егзотичан	egzótičan
verwonderlijk (bn)	диван	dívan
groep (de)	група (ж)	grúpa
rondleiding (de)	екскурзија (ж)	ekskúrzija
gids (de)	водич (м)	vódič

100. Hotel

hotel (het)	хотел (м)	hótel
motel (het)	мотел (м)	mótel

3-sterren	три звездице	tri zvézdice
5-sterren	пет звездица	pet zvézdica
overnachten (ww)	одсести (нг)	ódsesti

kamer (de)	соба (ж)	sóba
eenpersoonskamer (de)	једнокреветна соба (ж)	jédnokrevetna sóba
tweepersoonskamer (de)	двокреветна соба (ж)	dvókrevetna sóba
een kamer reserveren	резервисати собу	rezervísati sóbu

halfpension (het)	полупансион (м)	polupansíon
volpension (het)	пун пансион (м)	pun pansíon

met badkamer	са кадом	sa kádom
met douche	са тушем	sa túšem
satelliet-tv (de)	сателитска телевизија (ж)	satelítska televízija
airconditioner (de)	клима (ж)	klíma
handdoek (de)	пешкир (м)	péškir
sleutel (de)	кључ (м)	ključ

administrateur (de)	администратор (м)	administrátor
kamermeisje (het)	собарица (ж)	sóbarica
piccolo (de)	носач (м)	nósač
portier (de)	вратар (м)	vrátar

restaurant (het)	ресторан (м)	restóran
bar (de)	бар (м)	bar
ontbijt (het)	доручак (м)	dóručak
avondeten (het)	вечера (ж)	véčera
buffet (het)	шведски сто (м)	švédski sto

hal (de)	фоаје (м)	foáje
lift (de)	лифт (м)	lift

NIET STOREN	НЕ УЗНЕМИРАВАТИ	NE UZNEMIRAVATI
VERBODEN TE ROKEN!	ЗАБРАЊЕНО ПУШЕЊЕ	ZABRANJENO PUŠENJE

TECHNISCHE APPARATUUR. VERVOER

Technische apparatuur

101. Computer

computer (de)	рачунар (м)	računar
laptop (de)	лаптоп (м)	láptop
aanzetten (ww)	укључити (пг)	uključiti
uitzetten (ww)	искључити (пг)	isključiti
toetsenbord (het)	тастатура (ж)	tastatúra
toets (enter~)	тастер (м)	táster
muis (de)	миш (ж)	miš
muismat (de)	подлога (ж) за миша	pódloga za miša
knopje (het)	дугме (с)	dúgme
cursor (de)	курсор (м)	kúrsor
monitor (de)	монитор (м)	mónitor
scherm (het)	екран (м)	ékran
harde schijf (de)	хард диск (м)	hard disk
volume (het)	капацитет (м) хард диска	kapacítet hard díska
van de harde schijf		
geheugen (het)	меморија (ж)	mémorija
RAM-geheugen (het)	РАМ меморија (ж)	RAM mémorija
bestand (het)	фајл (м)	fajl
folder (de)	фолдер (м)	fólder
openen (ww)	отворити (пг)	ótvoriti
sluiten (ww)	затворити (пг)	zatvóriti
opslaan (ww)	снимити, сачувати (пг)	snímiti, sačúvati
verwijderen (wissen)	избрисати (пг)	ízbrisati
kopiëren (ww)	копирати (пг)	kopírati
sorteren (ww)	сортирати (пг)	sortírati
overplaatsen (ww)	пребацити (пг)	prebáciti
programma (het)	програм (м)	prógram
software (de)	софтвер (м)	sóftver
programmeur (de)	програмер (м)	prográmer
programmeren (ww)	програмирати (пг)	programírati
hacker (computerkraker)	хакер (м)	háker
wachtwoord (het)	лозинка (ж)	lózinka
virus (het)	вирус (м)	vírus
ontdekken (virus ~)	пронаћи (пг)	prónaći

| byte (de) | бајт (м) | bajt |
| megabyte (de) | мегабајт (м) | mégabajt |

| data (de) | подаци (мн) | pódaci |
| databank (de) | база (ж) података | báza pódataka |

kabel (USB-~, enz.)	кабл (м)	kabl
afsluiten (ww)	искључити (пг)	iskljúčiti
aansluiten op (ww)	спојити (пг)	spójiti

102. Internet. E-mail

internet (het)	интернет (м)	ínternet
browser (de)	прегледач (м)	prégledač
zoekmachine (de)	претраживач (м)	pretražívač
internetprovider (de)	провајдер (м)	provájder

webmaster (de)	вебмастер (м)	vebmáster
website (de)	веб-сајт (м)	veb-sajt
webpagina (de)	веб-страница (ж)	veb-stránica

| adres (het) | адреса (ж) | adrésa |
| adresboek (het) | адресар (м) | adrésar |

postvak (het)	поштанско сандуче (с)	póštansko sánduče
post (de)	пошта (ж)	póšta
vol (~ postvak)	пун	pun

| bericht (het) | порука (ж) | póruka |
| binnenkomende berichten (mv.) | долазне поруке (мн) | dólazne póruke |

uitgaande berichten (mv.)	одлазне поруке (мн)	ódlazne póruke
verzender (de)	пошиљалац (м)	póšiljalac
verzenden (ww)	послати (пг)	póslati
verzending (de)	слање (с)	slánje

| ontvanger (de) | прималац (м) | prímalac |
| ontvangen (ww) | примити (пг) | prímiti |

| correspondentie (de) | дописивање (с) | dopisívanje |
| corresponderen (met …) | водити преписку | vóditi prépisku |

bestand (het)	фајл (м)	fajl
downloaden (ww)	преузети (пг)	preúzeti
creëren (ww)	створити (пг)	stvóriti
verwijderen (een bestand ~)	избрисати (пг)	ízbrisati
verwijderd (bn)	избрисан	ízbrisan

verbinding (de)	веза (ж)	véza
snelheid (de)	брзина (ж)	brzína
modem (de)	модем (м)	módem
toegang (de)	приступ (м)	prístup
poort (de)	порт (м)	port
aansluiting (de)	повезивање (с)	povezívanje

zich aansluiten (ww)	повезати се	povézati se
selecteren (ww)	изабрати (пг)	izábrati
zoeken (ww)	тражити (пг)	trážiti

103. Elektriciteit

elektriciteit (de)	струја (ж)	strúja
elektrisch (bn)	електрични	eléktrični
elektriciteitscentrale (de)	електрана (ж)	elektrána
energie (de)	енергија (ж)	enérgija
elektrisch vermogen (het)	електрична енергија (ж)	eléktrična enérgija

lamp (de)	сијалица (ж)	síjalica
zaklamp (de)	батеријска лампа (ж)	batérijska lámpa
straatlantaarn (de)	улична расвета (ж)	úlična rásveta

licht (elektriciteit)	светло (с)	svétlo
aandoen (ww)	укључивати (пг)	uključívati
uitdoen (ww)	угасити (пг)	ugásiti
het licht uitdoen	угасити светло	ugásiti svétlo

doorbranden (gloeilamp)	прегорети (нг)	pregóreti
kortsluiting (de)	кратак спој (м)	krátak spoj
onderbreking (de)	прекид (м)	prékid
contact (het)	контакт (м)	kóntakt

schakelaar (de)	прекидач (м)	prekídač
stopcontact (het)	утичница (ж)	útičnica
stekker (de)	утикач (м)	utíkač
verlengsnoer (de)	продужни кабл (м)	pródužni kabl
zekering (de)	осигурач (м)	osigúrač
kabel (de)	жица (ж), кабл (м)	žíca, kabl
bedrading (de)	електрична инсталација (ж)	eléktrična inslalácija

ampère (de)	ампер (м)	ámper
stroomsterkte (de)	јачина (ж) струје	jačína strúje
volt (de)	волт (м)	volt
spanning (de)	напон (м)	nápon

| elektrisch toestel (het) | електрични апарат (м) | eléktrični apárat |
| indicator (de) | индикатор (м) | indikátor |

elektricien (de)	електричар (м)	eléktričar
solderen (ww)	лемити (пг)	lémiti
soldeerbout (de)	лемилица (с)	lémilica
stroom (de)	струја (ж)	strúja

104. Gereedschappen

| werktuig (stuk gereedschap) | алат (м) | álat |
| gereedschap (het) | алати (мн) | álati |

uitrusting (de)	опрема (ж)	óprema
hamer (de)	чекић (м)	čékić
schroevendraaier (de)	шрафцигер (м)	šráfciger
bijl (de)	секира (ж)	sekíra

zaag (de)	тестера (ж)	téstera
zagen (ww)	тестерисати (пг)	testérisati
schaaf (de)	блања (ж)	blánja
schaven (ww)	стругати (пг)	strúgati
soldeerbout (de)	лемилица (с)	lémilica
solderen (ww)	лемити (пг)	lémiti

vijl (de)	турпија (ж)	túrpija
nijptang (de)	клешта (ж)	kléšta
combinatietang (de)	пљосната клешта (ж)	pljósnata kléšta
beitel (de)	длето (с)	dléto

boorkop (de)	бургија (ж)	búrgija
boormachine (de)	бушилица (ж)	búšilica
boren (ww)	бушити (пг)	búšiti

mes (het)	нож (м)	nož
lemmet (het)	сечиво (с)	séčivo

scherp (bijv. ~ mes)	оштар	óštar
bot (bn)	тупи	túpi
bot raken (ww)	затупити се	zatúpiti se
slijpen (een mes ~)	оштрити (пг)	óštriti

bout (de)	завртањ (м)	závrtanj
moer (de)	навртка (ж)	návrtka
schroefdraad (de)	навој (м)	návoj
houtschroef (de)	шраф (м)	šraf

spijker (de)	ексер (м)	ékser
kop (de)	глава (ж)	gláva

liniaal (de/het)	лењир (м)	lénjir
rolmeter (de)	метар (м)	métar
waterpas (de/het)	либела (ж)	libéla
loep (de)	лупа (ж)	lúpa

meetinstrument (het)	апарат (м) за мерење	apárat za mérenje
opmeten (ww)	измерити (пг)	ízmeriti
schaal (meetschaal)	скала (ж)	skála
gegevens (mv.)	стање (с)	stánje

compressor (de)	компресор (м)	kómprésor
microscoop (de)	микроскоп (м)	míkroskop

pomp (de)	пумпа (ж)	púmpa
robot (de)	робот (м)	róbot
laser (de)	ласер (м)	láser

moersleutel (de)	матични кључ (м)	mátični ključ
plakband (de)	лепљива трака (ж)	lépljiva tráka

lijm (de)	лепак (м)	lépak
schuurpapier (het)	шмиргла (ж)	šmírgla
veer (de)	опруга (ж)	ópruga
magneet (de)	магнет (м)	mágnet
handschoenen (mv.)	рукавице (мн)	rukávice

touw (bijv. henneptouw)	уже (с)	úže
snoer (het)	врпца (ж)	vŕpca
draad (de)	жица (ж), кабл (м)	žíca, kabl
kabel (de)	кабл (м)	kabl

moker (de)	маљ (м)	malj
breekijzer (het)	ћускија (ж)	ćúskija
ladder (de)	мердевине (мн)	mérdevine
trapje (inklapbaar ~)	мердевине (мн) на расклапање	mérdevine na rásklapanje

aanschroeven (ww)	завртати (пг)	závrtati
losschroeven (ww)	одвртати (пг)	ódvrtati
dichtpersen (ww)	стезати (пг)	stézati
vastlijmen (ww)	прилепити (пг)	prilépiti
snijden (ww)	сећи (пг)	séći

defect (het)	неисправност (ж)	neisprávnost
reparatie (de)	поправка (ж)	pópravka
repareren (ww)	поправљати (пг)	pópravljati
regelen (een machine ~)	регулисати (пг)	regulísati

checken (ww)	проверавати (пг)	proverávati
controle (de)	провера (ж)	próvera
gegevens (mv.)	стање (с)	stánje

degelijk (bijv. ~ machine)	поуздан	póuzdan
ingowikkeld (bn)	сложен	slóžen

roesten (ww)	рђати (нг)	ŕđati
roestig (bn)	рђав	rđav
roest (de/het)	рђа (ж)	ŕđa

Vervoer

vliegtuig (het)	авион (м)	avíon
vliegticket (het)	авионска карта (ж)	aviónska kárta
luchtvaartmaatschappij (de)	авио-компанија (ж)	ávio-kompánija
luchthaven (de)	аеродром (м)	aeródrom
supersonisch (bn)	суперсоничан	supersóničan
gezagvoerder (de)	капетан (м) авиона	kapétan avíona
bemanning (de)	посада (ж)	pósada
piloot (de)	пилот (м)	pílot
stewardess (de)	стјуардеса (ж)	stjuardésa
stuurman (de)	навигатор (м)	navígator
vleugels (mv.)	крила (мн)	kríla
staart (de)	реп (м)	rep
cabine (de)	кабина (ж)	kabína
motor (de)	мотор (м)	mótor
landingsgestel (het)	шасија (ж)	šásija
turbine (de)	турбина (ж)	turbína
propeller (de)	пропелер (м)	propéler
zwarte doos (de)	црна кутија (ж)	cŕna kútija
stuur (het)	управљач (м)	uprávljač
brandstof (de)	гориво (м)	górivo
veiligheidskaart (de)	упутство (с) за ванредне ситуације	úputstvo za vanredne situácije
zuurstofmasker (het)	маска (ж) за кисеоник	máska za kiseónik
uniform (het)	униформа (ж)	úniforma
reddingsvest (de)	прслук (м) за спасавање	pŕsluk za spásavanje
parachute (de)	падобран (м)	pádobran
opstijgen (het)	полетање, узлетање (с)	polétanje, uzlétanje
opstijgen (ww)	полетати (нг)	polétati
startbaan (de)	писта (ж)	písta
zicht (het)	видљивост (ж)	vídljivost
vlucht (de)	лет (м)	let
hoogte (de)	висина (ж)	visína
luchtzak (de)	ваздушни џеп (м)	vázdušni džep
plaats (de)	седиште (с)	sédište
koptelefoon (de)	слушалице (мн)	slúšalice
tafeltje (het)	сточић (м) на расклапање	stóčić na rasklápanje
venster (het)	прозор (м)	prózor
gangpad (het)	пролаз (м)	prólaz

106. Trein

trein (de)	воз (м)	voz
elektrische trein (de)	електрични воз (м)	eléktrični voz
sneltrein (de)	брзи воз (м)	bŕzi voz
diesellocomotief (de)	дизел локомотива (ж)	dízel lokomotíva
stoomlocomotief (de)	парна локомотива (ж)	párna lokomotíva
rijtuig (het)	вагон (м)	vágon
restauratierijtuig (het)	вагон ресторан (м)	vágon restóran
rails (mv.)	шине (мн)	šíne
spoorweg (de)	железница (ж)	žéleznica
dwarsligger (de)	праг (м)	prag
perron (het)	перон (м)	péron
spoor (het)	колосек (м)	kólosek
semafoor (de)	семафор (м)	sémafor
halte (bijv. kleine treinhalte)	станица (ж)	stánica
machinist (de)	машиновођа (м)	mašinóvođa
kruier (de)	носач (м)	nósač
conducteur (de)	послужитељ (м) у возу	poslúžitelj u vózu
passagier (de)	путник (м)	pútnik
controleur (de)	контролер (м)	kontróler
gang (in een trein)	ходник (м)	hódnik
noodrem (de)	кочница (ж)	kóčnica
coupé (de)	купе (м)	kúpe
bed (slaapplaats)	лежај (м)	léžaj
bovenste bed (het)	горњи лежај (м)	górnji léžaj
onderste bed (het)	доњи лежај (м)	dónji léžaj
beddengoed (het)	постељина (ж)	posteljína
kaartje (het)	карта (ж)	kárta
dienstregeling (de)	ред (м) вожње	red vóžnje
informatiebord (het)	табла (ж)	tábla
vertrekken	одлазити (нг)	ódlaziti
(De trein vertrekt ...)		
vertrek (ov. een trein)	полазак (м)	pólazak
aankomen (ov. de treinen)	долазити (нг)	dólaziti
aankomst (de)	долазак (м)	dólazak
aankomen per trein	доћи возом	dóći vózom
in de trein stappen	сести у воз	sésti u voz
uit de trein stappen	сићи с воза	síći s vóza
treinwrak (het)	железничка несрећа (ж)	žéleznička nésreća
ontspoord zijn	исклизнути из шина	ískliznuti iz šína
stoomlocomotief (de)	парна локомотива (ж)	párna lokomotíva
stoker (de)	ложач (м)	lóžač
stookplaats (de)	ложиште (с)	lóžište
steenkool (de)	угаљ (м)	úgalj

107. Schip

schip (het)	брод (м)	brod
vaartuig (het)	брод (м)	brod
stoomboot (de)	паробод (м)	párobrod
motorschip (het)	речни брод (м)	réčni brod
lijnschip (het)	прекоокеански брод (м)	prekookéanski brod
kruiser (de)	крстарица (ж)	krstárica
jacht (het)	јахта (ж)	jáhta
sleepboot (de)	тегљач (м)	tégljač
duwbak (de)	шлеп (м)	šlép
ferryboot (de)	трајект (м)	trájekt
zeilboot (de)	једрењак (м)	jedrénjak
brigantijn (de)	бригантина (ж)	brigantína
ijsbreker (de)	ледоломац (м)	ledolómac
duikboot (de)	подморница (ж)	pódmornica
boot (de)	чамац (м)	čámac
sloep (de)	чамац (м)	čámac
reddingssloep (de)	чамац (м) за спасавање	čámac za spásavanje
motorboot (de)	моторни брод (м)	mótorni brod
kapitein (de)	капетан (м)	kapétan
zeeman (de)	морнар (м)	mórnar
matroos (de)	поморац, морнар (м)	pómorac, mórnar
bemanning (de)	посада (ж)	pósada
bootsman (de)	вођа (м) палубе	vóđa pálube
scheepsjongen (de)	бродски момак (м)	bródski mómak
kok (de)	кувар (м)	kúvar
scheepsarts (de)	бродски лекар (м)	bródski lékar
dek (het)	палуба (ж)	páluba
mast (de)	јарбол (м)	járbol
zeil (het)	једро (с)	jédro
ruim (het)	потпалубље (с)	pótpalublje
voorsteven (de)	прамац (м)	prámac
achtersteven (de)	крма (ж)	kŕma
roeispaan (de)	весло (с)	véslo
schroef (de)	бродски пропелер (м)	bródski propéler
kajuit (de)	кабина (ж)	kabína
officierskamer (de)	официрска менза (ж)	ofícirska ménza
machinekamer (de)	стројарница (ж)	strójarnica
brug (de)	капетански мост (м)	kapétanski most
radiokamer (de)	радио кабина (ж)	rádio kabína
radiogolf (de)	талас (м)	tálas
logboek (het)	бродски дневник (м)	bródski dnévnik
verrekijker (de)	дурбин (м)	dúrbin
klok (de)	звоно (с)	zvóno

vlag (de)	застава (ж)	zástava
kabel (de)	конопац (м)	kónopac
knoop (de)	чвор (м)	čvor

| leuning (de) | рукохват (м) | rúkohvat |
| trap (de) | рампа (ж) | rámpa |

anker (het)	сидро (с)	sídro
het anker lichten	дићи сидро	díći sídro
het anker neerlaten	спустити сидро	spústiti sídro
ankerketting (de)	сидрени ланац (м)	sídreni lánac

haven (bijv. containerhaven)	лука (ж)	lúka
kaai (de)	пристаниште (с)	prístanište
aanleggen (ww)	пристајати (нг)	prístajati
wegvaren (ww)	отпловити (нг)	otplóviti

reis (de)	путовање (с)	putovánje
cruise (de)	крстарење (с)	krstárenje
koers (de)	правац, курс (м)	právac, kurs
route (de)	маршрута (ж)	maršrúta

vaarwater (het)	пловни пут (м)	plóvni put
zandbank (de)	плићак (м)	plíćak
stranden (ww)	насукати се	násukati se

storm (de)	олуја (ж)	olúja
signaal (het)	сигнал (м)	sígnal
zinken (ov. een boot)	тонути (нг)	tónuti
Man overboord!	Човек у мору!	Čóvek u móru!
SOS (noodsignaal)	СОС	SOS
reddingsboei (de)	појас (м) за спасавање	pójas za spasávanje

108. Vliegveld

luchthaven (de)	аеродром (м)	aeródrom
vliegtuig (het)	авион (м)	avíon
luchtvaartmaatschappij (de)	авио-компанија (ж)	ávio-kompánija
luchtverkeersleider (de)	контролор (м) лета	kontrólor léta

vertrek (het)	полазак (м)	pólazak
aankomst (de)	долазак (м)	dólazak
aankomen (per vliegtuig)	долетети (нг)	doléteti

| vertrektijd (de) | време (с) поласка | vréme pólaska |
| aankomstuur (het) | време (с) доласка | vréme dólaska |

| vertraagd zijn (ww) | каснити (нг) | kásniti |
| vluchtvertraging (de) | кашњење (с) лета | kášnjenje léta |

informatiebord (het)	информативна табла (ж)	ínformativna tábla
informatie (de)	информација (ж)	informácija
aankondigen (ww)	објављивати (нг)	objavljívati
vlucht (bijv. KLM ~)	лет (м)	let

douane (de)	царина (ж)	cárina
douanier (de)	цариник (м)	cárinik
douaneaangifte (de)	царинска декларација (ж)	cárinska deklarácija
een douaneaangifte invullen	попунити декларацију	pópuniti deklaráciju
paspoortcontrole (de)	пасошка контрола (ж)	pásoška kontróla
bagage (de)	пртљаг (м)	pŕtljag
handbagage (de)	ручни пртљаг (м)	rúčni pŕtljag
bagagekarretje (het)	колица (мн) за пртљаг	kolíca za pŕtljag
landing (de)	слетање (с)	slétanje
landingsbaan (de)	писта (ж) за слетање	písta za slétanje
landen (ww)	спуштати се	spúštati se
vliegtuigtrap (de)	степенице (мн)	stépenice
inchecken (het)	регистрација (ж),	registrácija,
	чекирање (с)	čekíranje
incheckbalie (de)	шалтер (м) за чекирање	šálter za čekíranje
inchecken (ww)	пријавити се	prijáviti se
instapkaart (de)	бординг карта (ж)	bórding kárta
gate (de)	излаз (м)	ízlaz
transit (de)	транзит (м)	tránzit
wachten (ww)	чекати (нг, пг)	čékati
wachtzaal (de)	чекаоница (ж)	čekaónica
begeleiden (uitwuiven)	пратити (пг)	práti ti
afscheid nemen (ww)	опраштати се	opráštati se

Gebeurtenissen in het leven

109. Vakanties. Evenement

feest (het)	празник (м)	práznik
nationale feestdag (de)	национални празник (м)	nacionální práznik
feestdag (de)	празничан дан (м)	prázničan dan
herdenken (ww)	празновати (пг)	práznovati
gebeurtenis (de)	догађај (м)	dógađaj
evenement (het)	догађај (м)	dógađaj
banket (het)	банкет (м)	bánket
receptie (de)	дочек, пријем (м)	dóček, príjem
feestmaal (het)	гозба (ж)	gózba
verjaardag (de)	годишњица (ж)	gódišnjica
jubileum (het)	јубилеј (м)	jubílej
vieren (ww)	прославити (пг)	próslaviti
Nieuwjaar (het)	Нова година (ж)	Nóva gódina
Gelukkig Nieuwjaar!	Срећна Нова година!	Sréćna Nóva gódina!
Sinterklaas (de)	Деда Мраз (м)	Déda Mraz
Kerstfeest (het)	Божић (м)	Bóžić
Vrolijk kerstfeest!	Срећан Божић!	Sréćan Bóžić!
kerstboom (de)	Новогодишња јелка (ж)	Novogódišnja jélka
vuurwerk (het)	ватромет (м)	vátromet
bruiloft (de)	свадба (ж)	svádba
bruidegom (de)	младожења (м)	mladóženja
bruid (de)	млада, невеста (ж)	mláda, névesta
uitnodigen (ww)	позивати (пг)	pozívati
uitnodigingskaart (de)	позивница (ж)	pózivnica
gast (de)	гост (м)	gost
op bezoek gaan	ићи у госте	íći u góste
gasten verwelkomen	дочекивати госте	dočekívati góste
geschenk, cadeau (het)	поклон (м)	póklon
geven (iets cadeau ~)	поклањати (пг)	póklanjati
geschenken ontvangen	добијати поклоне	dóbijati póklone
boeket (het)	букет (м)	búket
felicitaties (mv.)	честитка (ж)	čestitka
feliciteren (ww)	честитати (пг)	čestítati
wenskaart (de)	честитка (ж)	čestitka
een kaartje versturen	послати честитку	póslati čestitku
een kaartje ontvangen	добити честитку	dóbiti čestitku

toast (de)	здравица (ж)	zdrávica
aanbieden (een drankje ~)	нудити (пг)	núditi
champagne (de)	шампањац (м)	šampánjac

plezier hebben (ww)	веселити се	veséliti se
plezier (het)	весеље (с)	vesélje
vreugde (de)	радост (ж)	rádost

| dans (de) | плес (м) | ples |
| dansen (ww) | играти, плесати (нг) | ígrati, plésati |

| wals (de) | валцер (м) | válcer |
| tango (de) | танго (м) | tángo |

110. Begrafenissen. Begrafenis

kerkhof (het)	гробље (с)	gróblje
graf (het)	гроб (м)	grob
kruis (het)	крст (м)	kŕst
grafsteen (de)	надгробни споменик (м)	nádgrobni spómenik
omheining (de)	ограда (ж)	ógrada
kapel (de)	капела (ж)	kapéla

dood (de)	смрт (ж)	smŕt
sterven (ww)	умрети (нг)	úmreti
overledene (de)	покојник (м)	pókojnik
rouw (de)	жалост (ж)	žálost

begraven (ww)	сахрањивати (пг)	sahranjívati
begrafenisonderneming (de)	погребно предузеће (с)	pógrebno preduzéće
begrafenis (de)	сахрана (ж)	sáhrana

krans (de)	венац (м)	vénac
doodskist (de)	ковчег (м)	kóvčeg
lijkwagen (de)	погребна кола (ж)	pógrebna kóla
lijkkleed (het)	мртвачки покров (м)	mŕtvački pókrov

begrafenisstoet (de)	погребна поворка (ж)	pógrebna póvorka
urn (de)	погребна урна (ж)	pógrebna úrna
crematorium (het)	крематоријум (м)	krematórijum

overlijdensbericht (het)	читуља (ж)	čítulja
huilen (wenen)	плакати (нг)	plákati
snikken (huilen)	јецати (пг)	jécati

111. Oorlog. Soldaten

peloton (het)	вод (м)	vod
compagnie (de)	чета (ж)	četa
regiment (het)	пук (м)	púk
leger (armee)	армија (ж)	ármija
divisie (de)	дивизија (ж)	divízija

sectie (de)	одред (м)	ódred
troep (de)	војска (ж)	vójska

soldaat (militair)	војник (м)	vójnik
officier (de)	официр (м)	ofícir

soldaat (rang)	редов (м)	rédov
sergeant (de)	наредник (м)	nárednik
luitenant (de)	поручник (м)	póručnik
kapitein (de)	капетан (м)	kapétan
majoor (de)	мајор (м)	májor
kolonel (de)	пуковник (м)	púkovnik
generaal (de)	генерал (м)	général

matroos (de)	поморац, морнар (м)	pómorac, mórnar
kapitein (de)	капетан (м)	kapétan
bootsman (de)	вођа (м) палубе	vóđa pálube
artillerist (de)	артиљерац (м)	artiljérac
valschermjager (de)	падобранац (м)	pádobranac
piloot (de)	пилот (м)	pílot
stuurman (de)	навигатор (м)	navígator
mecanicien (de)	механичар (м)	meháničar

sappeur (de)	деминер (м)	demíner
parachutist (de)	падобранац (м)	pádobranac
verkenner (de)	извиђач (м)	izvíđač
scherpschutter (de)	снајпер (м)	snájper

patrouille (de)	патрола (ж)	patróla
patrouilleren (ww)	патролирати (нг, пг)	patrolírati
wacht (de)	стражар (м)	strážar
krijger (de)	војник (м)	vójnik
patriot (de)	патриота (м)	patrióta
held (de)	јунак (м)	júnak
heldin (de)	јунакиња (ж)	junákinja

verrader (de)	издајник (м)	ízdajnik
verraden (ww)	издавати (пг)	izdávati

deserteur (de)	дезертер (м)	dezérter
deserteren (ww)	дезертирати (нг)	dezertírati

huurling (de)	најамник (м)	nájamnik
rekruut (de)	регрут (м)	régrut
vrijwilliger (de)	добровољац (м)	dobrovóljac

gedode (de)	убијен (м)	úbijen
gewonde (de)	рањеник (м)	ránjenik
krijgsgevangene (de)	заробљеник (м)	zarobljénik

112. Oorlog. Militaire acties. Deel 1

oorlog (de)	рат (м)	rat
oorlog voeren (ww)	ратовати (нг)	rátovati

burgeroorlog (de)	грађански рат (м)	gráđanski rat
achterbaks (bw)	подмукло	pódmuklo
oorlogsverklaring (de)	објава (ж) рата	óbjava rata
verklaren (de oorlog ~)	објавити (нг)	objáviti
agressie (de)	агресија (ж)	agrésija
aanvallen (binnenvallen)	нападати (нг)	nápadati

binnenvallen (ww)	инвадирати, окупирати (пг)	invadírati, okupírati
invaller (de)	освајач (м)	osvájač
veroveraar (de)	освајач (м)	osvájač

verdediging (de)	одбрана (ж)	ódbrana
verdedigen (je land ~)	бранити (пг)	brániti
zich verdedigen (ww)	бранити се	brániti se

vijand (de)	непријатељ (м)	néprijatelj
tegenstander (de)	противник (м)	prótivnik
vijandelijk (bn)	непријатељски	neprijatéljski

strategie (de)	стратегија (ж)	strátegija
tactiek (de)	тактика (ж)	táktika

order (de)	наредба (ж)	náredba
bevel (het)	команда (ж)	kómanda
bevelen (ww)	наређивати (пг)	naređívati
opdracht (de)	задатак (м)	zadátak
geheim (bn)	тајни	tájni

slag (de)	битка (ж)	bítka
veldslag (de)	борба (ж)	bórba
strijd (de)	бој, битка (ж)	boj, bítka

aanval (de)	напад (м)	nápad
bestorming (de)	јуриш (м)	júriš
bestormen (ww)	јуришати (пг)	juríšati
bezetting (de)	опсада (ж)	ópsada

aanval (de)	офанзива (ж)	ofanzíva
in het offensief te gaan	прећи у напад	préći u nápad

terugtrekking (de)	повлачење (с)	povlačénje
zich terugtrekken (ww)	одступати (нг)	odstúpati

omsingeling (de)	опкољавање (с)	opkoljávanje
omsingelen (ww)	опкољавати (пг)	opkoljávati

bombardement (het)	бомбардовање (с)	bómbardovanje
een bom gooien	избацити бомбу	izbáciti bómbu
bombarderen (ww)	бомбардовати (пг)	bómbardovati
ontploffing (de)	експлозија (ж)	eksplózija

schot (het)	пуцањ (м)	púcanj
een schot lossen	пуцати (нг)	púcati
schieten (het)	пуцање (с)	púcanje
mikken op (ww)	циљати (пг)	cíljati
aanleggen (een wapen ~)	уперити (пг)	upériti

treffen (doelwit ~)	погодити (пг)	pogóditi
zinken (tot zinken brengen)	потопити (пг)	potópiti
kogelgat (het)	рупа (ж)	rúpa
zinken (gezonken zijn)	тонути (нг)	tónuti

front (het)	фронт (м)	front
evacuatie (de)	евакуација (ж)	evakuácija
evacueren (ww)	евакуисати (пг)	evakuísati

loopgraaf (de)	ров (м)	rov
prikkeldraad (de)	бодљикава жица (ж)	bódljikava žíca
verdedigingsobstakel (het)	препрека (ж)	prépreka
wachttoren (de)	осматрачница (ж)	osmátračnica

hospitaal (het)	војна болница (ж)	vójna bólnica
verwonden (ww)	ранити (пг)	rániti
wond (de)	рана (ж)	rána
gewonde (de)	рањеник (м)	ránjenik
gewond raken (ww)	бити рањен	bíti ránjen
ernstig (~e wond)	озбиљан	ózbiljan

113. Oorlog. Militaire acties. Deel 2

krijgsgevangenschap (de)	заробљеништво (с)	zarobljeníštvo
krijgsgevangen nemen	заробити (пг)	zaróbiti
krijgsgevangene zijn	бити у заробљеништву	bíti u zarobljeníštvu
krijgsgevangen genomen worden	пасти у ропство	pásti u rópstvo

concentratiekamp (het)	концентрациони логор (м)	koncentracioni lógor
krijgsgevangene (de)	заробљеник (м)	zarobljénik
vluchten (ww)	бежати (нг)	béžati

verraden (ww)	издати (пг)	ízdati
verrader (de)	издајник (м)	ízdajnik
verraad (het)	издаја (ж)	ízdaja

| fusilleren (executeren) | стрељати (пг) | stréljati |
| executie (de) | стрељање (с) | stréljanje |

uitrusting (de)	опрема (ж)	óprema
schouderstuk (het)	еполета (ж)	epoléta
gasmasker (het)	гас маска (ж)	gas máska

portofoon (de)	покретна радио станица (ж)	pókretna rádio stánica
geheime code (de)	шифра (ж)	šífra
samenzwering (de)	конспирација (ж)	konspirácija
wachtwoord (het)	лозинка (ж)	lózinka

mijn (landmijn)	мина (ж)	mína
ondermijnen (legden mijnen)	минирати (пг)	minírati
mijnenveld (het)	минско поље (с)	mínsko pólje
luchtalarm (het)	ваздушна узбуна (ж)	vázdušna úzbuna

alarm (het)	узбуна (ж)	úzbuna
signaal (het)	сигнал (м)	sígnal
vuurpijl (de)	сигнална ракета (ж)	sígnalna rakéta

staf (generale ~)	штаб (м)	štab
verkenning (de)	извиђање (с)	izvíđanje
toestand (de)	ситуација (ж)	situácija
rapport (het)	рапорт (м)	ráport
hinderlaag (de)	заседа (ж)	záseda
versterking (de)	појачање (с)	pojačánje

doel (bewegend ~)	нишан (м)	níšan
proefterrein (het)	полигон (м)	polígon
manoeuvres (mv.)	маневри (мн)	manévri

paniek (de)	паника (ж)	pánika
verwoesting (de)	рушевина (ж)	rúševina
verwoestingen (mv.)	уништења (мн)	uništénja
verwoesten (ww)	разрушити (пг)	rázrušiti

overleven (ww)	преживети (нг)	prežíveti
ontwapenen (ww)	разоружати (пг)	razorúžati
behandelen (een pistool ~)	обраћати се	óbraćati se

Geeft acht!	Мирно!	Mírno!
Op de plaats rust!	Вољно!	Vóljno!

heldendaad (de)	подвиг (м)	pódvig
eed (de)	заклетва (ж)	zákletva
zweren (een eed doen)	клети се	kléti se

decoratie (de)	награда (ж)	nágrada
onderscheiden (een ereteken geven)	награђивати (пг)	nagrađívati
medaille (de)	медаља (ж)	médalja
orde (de)	орден (м)	órden

overwinning (de)	победа (ж)	póbeda
verlies (het)	пораз (м)	póraz
wapenstilstand (de)	примирје (с)	prímirje

wimpel (vaandel)	застава (ж)	zástava
roem (de)	слава (ж)	sláva
parade (de)	парада (ж)	paráda
marcheren (ww)	марширати (нг)	maršírati

114. Wapens

wapens (mv.)	оружје (с)	óružje
vuurwapens (mv.)	ватрено оружје (с)	vátreno óružje
koude wapens (mv.)	хладно оружје (с)	hládno oružje

chemische wapens (mv.)	хемијско оружје (с)	hémijsko óružje
kern-, nucleair (bn)	нуклеарни	núklearni

kernwapens (mv.)	нуклеарно оружје (c)	núklearno óružje
bom (de)	бомба (ж)	bómba
atoombom (de)	атомска бомба (ж)	átomska bómba

pistool (het)	пиштољ (м)	píštolj
geweer (het)	пушка (ж)	púška
machinepistool (het)	аутомат (м)	autómat
machinegeweer (het)	митраљез (м)	mitráljez

loop (schietbuis)	грло (c)	gŕlo
loop (bijv. geweer met kortere ~)	цев (ж)	cev
kaliber (het)	калибар (м)	kalíbar

trekker (de)	окидач (м)	okídač
korrel (de)	нишан (м)	níšan
magazijn (het)	шаржер (м)	šáržer
geweerkolf (de)	кундак (м)	kúndak

granaat (handgranaat)	граната (ж)	granáta
explosieven (mv.)	експлозив (м)	eksplóziv

kogel (de)	пројектил (м)	projéktil
patroon (de)	метак (м)	métak
lading (de)	набој (м)	náboj
ammunitie (de)	муниција (ж)	munícija

bommenwerper (de)	бомбардер (м)	bombárder
straaljager (de)	ловачки авион (м)	lóvački avíon
helikopter (de)	хеликоптер (м)	helikópter

afweergeschut (het)	против авионски топ (м)	prótiv avíonski top
tank (de)	тенк (м)	tenk
kanon (tank met een ~ van 76 mm)	топ (м)	top

artillerie (de)	артиљерија (ж)	artiljérija
kanon (het)	топ (м)	top
aanleggen (een wapen ~)	уперити (пг)	upériti

projectiel (het)	пројектил (м)	projéktil
mortiergranaat (de)	минобацачка мина (ж)	minobácačka mína
mortier (de)	минобацач (м)	minobácač
granaatscherf (de)	комадић (м)	komádić

duikboot (de)	подморница (ж)	pódmornica
torpedo (de)	торпедо (м)	torpédo
raket (de)	ракета (ж)	rakéta

laden (geweer, kanon)	пунити (пг)	púniti
schieten (ww)	пуцати (нг)	púcati
richten op (mikken)	циљати (пг)	cíljati
bajonet (de)	бајонет (м)	bajónet

degen (de)	мач (м)	mač
sabel (de)	сабља (ж)	sáblja

speer (de)	копље (c)	kóplje
boog (de)	лук (м)	luk
pijl (de)	стрела (ж)	stréla
musket (de)	мускета (ж)	músketa
kruisboog (de)	самострел (м)	sámostrel

115. Oude mensen

primitief (bn)	првобитни	pŕvobitni
voorhistorisch (bn)	праисторијски	praistórijski
eeuwenoude (~ beschaving)	древни	drévni

Steentijd (de)	Камено доба (c)	Kámeno dóba
Bronstijd (de)	Бронзано доба (c)	Brónzano dóba
IJstijd (de)	Ледено доба (c)	Lédeno dóba

stam (de)	племе (c)	pléme
menseneter (de)	људождер (м)	ljudóžder
jager (de)	ловац (м)	lóvac
jagen (ww)	ловити (пг)	lóviti
mammoet (de)	мамут (м)	mámut

grot (de)	пећина (ж)	péćina
vuur (het)	ватра (ж)	vátra
kampvuur (het)	логорска ватра (ж)	lógorska vátra
rotstekening (de)	пећинска слика (ж)	péćinska slíka

werkinstrument (het)	алат (м)	álat
speer (de)	копље (c)	kóplje
stenen bijl (de)	камена секира (ж)	kámena sékira

oorlog voeren (ww)	ратовати (нг)	rátovati
temmen (bijv. wolf ~)	припитомљивати (пг)	pripitomljívati

idool (het)	идол (м)	ídol
aanbidden (ww)	обожавати (пг)	obožávati

bijgeloof (het)	сујеверје (c)	sújeverje
ritueel (het)	обред (м)	óbred

evolutie (de)	еволуција (ж)	evolúcija
ontwikkeling (de)	развој (м)	rázvoj

verdwijning (de)	нестанак (м)	néstanak
zich aanpassen (ww)	прилагођавати се	prilagođávati se

archeologie (de)	археологија (ж)	arheológija
archeoloog (de)	археолог (м)	arheólog
archeologisch (bn)	археолошки	arheóloški

opgravingsplaats (de)	археолошко налазиште (c)	arheóloško nálazište
opgravingen (mv.)	ископине (мн)	ískopine
vondst (de)	налаз (м)	nálaz
fragment (het)	фрагмент (м)	frágment

116. Middeleeuwen

volk (het)	народ (м)	národ
volkeren (mv.)	народи (мн)	národi
stam (de)	племе (c)	pléme
stammen (mv.)	племена (мн)	plemena
barbaren (mv.)	Варвари (мн)	Várvari
Galliërs (mv.)	Гали (мн)	Gáli
Goten (mv.)	Готи (мн)	Góti
Slaven (mv.)	Славени (мн)	Slavéni
Vikings (mv.)	Викинзи (мн)	Víkinzi
Romeinen (mv.)	Римљани (мн)	Rímljani
Romeins (bn)	римски	rímski
Byzantijnen (mv.)	Византијци (мн)	Vizántijci
Byzantium (het)	Византија (ж)	Vizántija
Byzantijns (bn)	византијски	vizántijski
keizer (bijv. Romeinse ~)	император (м)	imperátor
opperhoofd (het)	вођа, поглавица (м)	vóđa, póglavica
machtig (bn)	моћан	móćan
koning (de)	краљ (м)	kralj
heerser (de)	владар (м)	vládar
ridder (de)	витез (м)	vítez
feodaal (de)	феудалац (м)	feudálac
feodaal (bn)	феудалан	féudalan
vazal (de)	вазал (м)	vázal
hertog (de)	војвода (м)	vójvoda
graaf (de)	гроф (м)	grof
baron (de)	барон (м)	báron
bisschop (de)	епископ (м)	épiskop
harnas (het)	оклоп (м)	óklop
schild (het)	штит (м)	štit
zwaard (het)	мач (м)	mač
vizier (het)	визир (м)	vízir
maliënkolder (de)	панцирна кошуља (ж)	páncirna kóšulja
kruistocht (de)	крсташки рат (м)	kŕstaški rat
kruisvaarder (de)	крсташ (м)	kŕstaš
gebied (bijv. bezette ~en)	територија (ж)	teritórija
aanvallen (binnenvallen)	нападати (нг)	nápadati
veroveren (ww)	освојити (пг)	osvójiti
innemen (binnenvallen)	окупирати (пг)	okupírati
bezetting (de)	опсада (ж)	ópsada
belegerd (bn)	опсађени	ópsađeni
belegeren (ww)	опколити (пг)	opkóliti
inquisitie (de)	инквизиција (ж)	inkvizícija
inquisiteur (de)	инквизитор (м)	inkvízitor

foltering (de)	тортура (ж)	tortúra
wreed (bn)	окрутан	ókrutan
ketter (de)	јеретик (м)	jéretik
ketterij (de)	јерес (ж)	jéres

zeevaart (de)	морепловство (с)	moreplóvstvo
piraat (de)	гусар (м)	gúsar
piraterij (de)	гусарство (с)	gúsarstvo
enteren (het)	укрцај (м), укрцавање (с)	úkrcaj, ukrcávanje
buit (de)	плен (м)	plen
schatten (mv.)	благо (с)	blágo

ontdekking (de)	откриће (с)	otkríće
ontdekken (bijv. nieuw land)	открити (пг)	ótkriti
expeditie (de)	експедиција (ж)	ekspedícija

musketier (de)	мускетар (м)	músketar
kardinaal (de)	кардинал (м)	kardínal
heraldiek (de)	хералдика (ж)	heráldika
heraldisch (bn)	хералдички	heráldički

117. Leider. Baas. Autoriteiten

koning (de)	краљ (м)	kralj
koningin (de)	краљица (ж)	králjica
koninklijk (bn)	краљевски	králjevski
koninkrijk (het)	краљевина (ж)	králjevina

prins (de)	принц (м)	princ
prinses (de)	принцеза (ж)	princéza

president (de)	председник (м)	prédsednik
vicepresident (de)	потпредседник (м)	potprédsednik
senator (de)	сенатор (м)	sénator

monarch (de)	монарх (м)	mónarh
heerser (de)	владар (м)	vládar
dictator (de)	диктатор (м)	diktátor
tiran (de)	тиранин (м)	tíranin
magnaat (de)	магнат (м)	mágnat

directeur (de)	директор (м)	dírektor
chef (de)	шеф (м)	šef
beheerder (de)	менаџер (м)	ménadžer
baas (de)	газда (м)	gázda
eigenaar (de)	власник (м)	vlásnik

leider (de)	вођа, лидер (м)	vóđa, líder
hoofd	глава (ж)	gláva
(bijv. ~ van de delegatie)		
autoriteiten (mv.)	власти (мн)	vlásti
superieuren (mv.)	руководство (с)	rúkovodstvo
gouverneur (de)	гувернер (м)	guvérner
consul (de)	конзул (м)	kónzul

diplomaat (de)	дипломат (м)	diplómat
burgemeester (de)	градоначелник (м)	gradonáčelnik
sheriff (de)	шериф (м)	šérif

keizer (bijv. Romeinse ~)	император (м)	imperátor
tsaar (de)	цар (м)	car
farao (de)	фараон (м)	faráon
kan (de)	кан (м)	kan

118. De wet overtreden. Criminelen. Deel 1

bandiet (de)	бандит (м)	bándit
misdaad (de)	злочин (м)	zlóčin
misdadiger (de)	злочинац (м)	zlóčinac

dief (de)	лопов (м)	lópov
stelen (ww)	красти (нг, пг)	krásti
stelen (de)	крађа (ж)	kráđa
diefstal (de)	крађа (ж)	kráđa

kidnappen (ww)	киднаповати (пг)	kidnapóvati
kidnapping (de)	отмица (ж),	ótmica,
	киднаповање (с)	kidnapovanje
kidnapper (de)	киднапер (м)	kidnáper

| losgeld (het) | откуп (м) | ótkup |
| eisen losgeld (ww) | тражити откуп | trážiti ótkup |

overvallen (ww)	пљачкати (пг)	pljáčkati
overval (de)	пљачка (ж)	pljáčka
overvaller (de)	пљачкаш (м)	pljáčkaš

afpersen (ww)	уцењивати (пг)	ucenjívati
afperser (de)	изнуђивач (м)	iznuđívač
afpersing (de)	изнуђивање (с)	iznuđívanje

vermoorden (ww)	убити (пг)	úbiti
moord (de)	убиство (с)	úbistvo
moordenaar (de)	убица (м)	úbica

schot (het)	пуцањ (м)	púcanj
een schot lossen	пуцати (нг)	púcati
neerschieten (ww)	устрелити (пг)	ustréliti
schieten (ww)	пуцати (нг)	púcati
schieten (het)	пуцњава (ж)	púcnjava

ongeluk (gevecht, enz.)	инцидент (м)	incídent
gevecht (het)	туча (ж)	túča
Help!	Упомоћ! У помоћ!	Upómoć! U pómoć!
slachtoffer (het)	жртва (ж)	žŕtva

beschadigen (ww)	оштетити (пг)	óštetiti
schade (de)	штета (ж)	štéta
lijk (het)	леш (м)	leš

zwaar (~ misdrijf)	тежак	téžak
aanvallen (ww)	нападати (нг)	nápadati
slaan (iemand ~)	ударати (пг)	údarati
in elkaar slaan (toetakelen)	претући (пг)	prétući
ontnemen (beroven)	отети (пг)	óteti
steken (met een mes)	избости ножем	ízbosti nóžem
verminken (ww)	осакатити (пг)	osákatiti
verwonden (ww)	ранити (пг)	rániti

chantage (de)	уцењивање (с)	ucenjívanje
chanteren (ww)	уцењивати (пг)	ucenjívati
chanteur (de)	уцењивач (м)	ucenjívač

afpersing (de)	рекет (м)	réket
afperser (de)	рекеташ (м)	réketaš
gangster (de)	гангстер (м)	gángster
maffia (de)	мафија (ж)	máfija

kruimeldief (de)	џепарош (м)	džéparoš
inbreker (de)	обијач (м)	obíjač
smokkelen (het)	шверц (м)	šverc
smokkelaar (de)	кријумчар (м)	kríjumčar

namaak (de)	кривотворење (с)	krivotvórenje
namaken (ww)	кривотворити (пг)	krivotvóriti
namaak-, vals (bn)	лажни	lážni

119. De wet overtreden. Criminelen. Deel 2

verkrachting (de)	силовање (с)	sílovanje
verkrachten (ww)	силовати (пг)	sílovati
verkrachter (de)	силоватељ (м)	silóvatelj
maniak (de)	манијак (м)	mánijak

prostituee (de)	проститутка (ж)	próstitutka
prostitutie (de)	проституција (ж)	prostitúcija
pooier (de)	макро (м)	mákro

drugsverslaafde (de)	наркоман (м)	nárkoman
drugshandelaar (de)	продавац (м) дроге	prodávac dróge

opblazen (ww)	разнети (пг)	rázneti
explosie (de)	експлозија (ж)	eksplózija
in brand steken (ww)	запалити (пг)	zapáliti
brandstichter (de)	потпаљивач (м)	potpaljívač

terrorisme (het)	тероризам (м)	terorízam
terrorist (de)	терориста (м)	terorísta
gijzelaar (de)	талац (м)	tálac

bedriegen (ww)	преварити (пг)	prévariti
bedrog (het)	превара (ж)	prévara
oplichter (de)	варалица (м)	váralica
omkopen (ww)	потплатити (пг)	potplátiti

| omkoperij (de) | подмићивање (c) | podmićívanje |
| smeergeld (het) | мито (c) | míto |

vergif (het)	отров (м)	ótrov
vergiftigen (ww)	отровати (пг)	otróvati
vergif innemen (ww)	отровати се	otróvati se

| zelfmoord (de) | самоубиство (c) | samoubístvo |
| zelfmoordenaar (de) | самоубица (м, ж) | samoubíca |

bedreigen (bijv. met een pistool)	претити (нг)	prétiti
bedreiging (de)	претња (ж)	prétnja
een aanslag plegen	покушавати (пг)	pokušávati
aanslag (de)	покушај, атентат (м)	pókušaj, aténtat

| stelen (een auto) | украсти, отети (пг) | úkrasti, óteti |
| kapen (een vliegtuig) | отети (пг) | óteti |

| wraak (de) | освета (ж) | ósveta |
| wreken (ww) | освећивати (пг) | osvećívati |

martelen (gevangenen)	мучити (пг)	múčiti
foltering (de)	тортура (ж)	tortúra
folteren (ww)	мучити (пг)	múčiti

piraat (de)	гусар (м)	gúsar
straatschender (de)	хулиган (м)	húligan
gewapend (bn)	наоружан	náoružan
geweld (het)	насиље (c)	násilje
onwettig (strafbaar)	илегалан	ílegalan

| spionage (de) | шпијунажа (ж) | špijunáža |
| spioneren (ww) | шпијунирати (нг) | špijunírati |

120. Politie. Wet. Deel 1

| justitie (de) | правосуђе (c) | právosuđe |
| gerechtshof (het) | суд (м) | sud |

rechter (de)	судија (м)	súdija
jury (de)	поротници (мн)	pórotnici
juryrechtspraak (de)	суђење (c) пред поротом	súđenje pred pórotom
berechten (ww)	судити (нг)	súditi

advocaat (de)	адвокат (м)	advókat
beklaagde (de)	окривљеник (м)	ókrivljenik
beklaagdenbank (de)	оптуженичка клупа (ж)	optuženička klúpa

beschuldiging (de)	оптужба (ж)	óptužba
beschuldigde (de)	оптуженик (м)	óptuženik
vonnis (het)	пресуда (ж)	présuda
veroordelen (in een rechtszaak)	осудити (пг)	osúditi

schuldige (de)	кривац (м)	krívac
straffen (ww)	казнити (пг)	kázniti
bestraffing (de)	казна (ж)	kázna

boete (de)	новчана казна (ж)	nóvčana kázna
levenslange opsluiting (de)	доживотна робија (ж)	dóživotna róbija
doodstraf (de)	смртна казна (ж)	smŕtna kázna
elektrische stoel (de)	електрична столица (ж)	eléktrična stólica
schavot (het)	вешала (мн)	véšala

| executeren (ww) | смакнути (пг) | smáknuti |
| executie (de) | казна (ж) | kázna |

| gevangenis (de) | затвор (м) | zátvor |
| cel (de) | ћелија (ж) | ćélija |

konvooi (het)	пратња (ж)	prátnja
gevangenisbewaker (de)	чувар (м)	čúvar
gedetineerde (de)	затвореник (м)	zatvorénik

| handboeien (mv.) | лисице (мн) | lísice |
| handboeien omdoen | ставити лисице | stáviti lísice |

ontsnapping (de)	бекство (с)	békstvo
ontsnappen (ww)	побећи (нг)	póbeći
verdwijnen (ww)	ишчезнути (нг)	íščeznuti
vrijlaten (uit de gevangenis)	ослободити (пг)	oslobóditi
amnestie (de)	амнестија (ж)	amnéstija

politie (de)	полиција (ж)	polícija
politieagent (de)	полицајац (м)	policájac
politiebureau (het)	полицијска станица (ж)	polícijska stánica
knuppel (de)	пендрек (м)	péndrek
megafoon (de)	мегафон (м)	mégafon

patrouilleerwagen (de)	патролна кола (ж)	pátrolna kóla
sirene (de)	сирена (ж)	siréna
de sirene aansteken	укључити сирену	uključiti sirénu
geloei (het) van de sirene	звук (м) сирене	zvuk siréne

plaats delict (de)	место (с) жлочина	mésto žlóčina
getuige (de)	сведок (м)	svédok
vrijheid (de)	слобода (ж)	slobóda
handlanger (de)	саучесник (м)	sáučesnik
ontvluchten (ww)	побећи (нг)	póbeći
spoor (het)	траг (м)	trag

121. Politie. Wet. Deel 2

opsporing (de)	потрага (ж)	pótraga
opsporen (ww)	тражити (пг)	trážiti
verdenking (de)	сумња (ж)	súmnja
verdacht (bn)	сумњив	súmnjiv
aanhouden (stoppen)	зауставити (пг)	zaústaviti

tegenhouden (ww)	задржати (пг)	zadržati
strafzaak (de)	кривични предмет (м)	krívični prédmet
onderzoek (het)	истрага (ж)	ístraga
detective (de)	детектив (м)	detéktiv
onderzoeksrechter (de)	истражитељ (м)	istrážitelj
versie (de)	верзија (ж)	vérzija

motief (het)	мотив (м)	mótiv
verhoor (het)	саслушавање (с)	saslušávanje
ondervragen (door de politie)	саслушати (пг)	sáslušati
ondervragen (omstanders ~)	испитивати (пг)	ispitívati
controle (de)	провера (ж)	próvera

razzia (de)	рација (ж)	rácija
huiszoeking (de)	претрес (м)	prétres
achtervolging (de)	потера (ж)	pótera
achtervolgen (ww)	гонити (пг)	góniti
opsporen (ww)	пратити (пг)	prátiti

arrest (het)	хапшење (с)	hápšenje
arresteren (ww)	ухапсити (пг)	úhapsiti
vangen, aanhouden (een dief, enz.)	ухватити (пг)	úhvatiti
aanhouding (de)	хватање, хапшење (с)	hvátanje, hápšenje

document (het)	докуменат (м)	dokúmenat
bewijs (het)	доказ (м)	dókaz
bewijzen (ww)	доказивати (пг)	dokazívati
voetspoor (het)	отисак (м) стопала	ótisak stópala
vingerafdrukken (mv.)	отисци (мн) прстију	ótisci pŕstiju
bewijs (het)	доказ (м)	dókaz

alibi (het)	алиби (м)	álibi
onschuldig (bn)	недужан	nédužan
onrecht (het)	неправда (ж)	népravda
onrechtvaardig (bn)	неправедан	népravedan

crimineel (bn)	криминалан	kríminalan
confisqueren (in beslag nemen)	конфисковати (пг)	kónfiskovati
drug (de)	дрога (ж)	dróga
wapen (het)	оружје (с)	óružje
ontwapenen (ww)	разоружати (пг)	razorúžati
bevelen (ww)	наређивати (пг)	naređívati
verdwijnen (ww)	ишчезнути (нг)	íščeznuti

wet (de)	закон (м)	zákon
wettelijk (bn)	законит	zákonit
onwettelijk (bn)	незаконит	nezákonit

verantwoordelijkheid (de)	одговорност (ж)	odgovórnost
verantwoordelijk (bn)	одговоран	ódgovoran

NATUUR

De Aarde. Deel 1

122. De kosmische ruimte

kosmos (de)	свемир (м)	svémir
kosmisch (bn)	космички	kósmički
kosmische ruimte (de)	свемирски простор (м)	svémirski próstor
wereld (de)	свет (м)	svet
sterrenstelsel (het)	галаксија (ж)	galáksija
ster (de)	звезда (ж)	zvézda
sterrenbeeld (het)	сазвежђе (с)	sázvežđe
planeet (de)	планета (ж)	planéta
satelliet (de)	сателит (м)	satélit
meteoriet (de)	метеорит (м)	meteórit
komeet (de)	комета (ж)	kométa
asteroïde (de)	астероид (м)	asteróid
baan (de)	путања, орбита (ж)	pútanja, órbita
draaien (om de zon, enz.)	окретати се	okrétati se
atmosfeer (de)	атмосфера (ж)	atmosféra
Zon (de)	Сунце (с)	Súnce
zonnestelsel (het)	Сунчев систем (м)	Súnčev sístem
zonsverduistering (de)	Помрачење (с) Сунца	Pomračénje Súnca
Aarde (de)	Земља (ж)	Zémlja
Maan (de)	Месец (м)	Mésec
Mars (de)	Марс (м)	Mars
Venus (de)	Венера (ж)	Venéra
Jupiter (de)	Јупитер (м)	Júpiter
Saturnus (de)	Сатурн (м)	Sáturn
Mercurius (de)	Меркур (м)	Mérkur
Uranus (de)	Уран (м)	Uran
Neptunus (de)	Нептун (м)	Néptun
Pluto (de)	Плутон (м)	Plúton
Melkweg (de)	Млечни пут (м)	Mléčni put
Grote Beer (de)	Велики медвед (м)	Véliki médved
Poolster (de)	Северњача (ж)	Sevérnjača
marsmannetje (het)	марсовац (м)	marsóvac
buitenaards wezen (het)	ванземаљац (м)	vanzemáljac

bovenaards (het)	свемирац (м)	svemírac
vliegende schotel (de)	летећи тањир (м)	léteći tánjir
ruimtevaartuig (het)	свемирски брод (м)	svémirski brod
ruimtestation (het)	орбитална станица (ж)	órbitalna stánica
start (de)	лансирање (с)	lánsiranje
motor (de)	мотор (м)	mótor
straalpijp (de)	млазница (ж)	mláznica
brandstof (de)	гориво (с)	górivo
cabine (de)	кабина (ж)	kabína
antenne (de)	антена (ж)	anténa
patrijspoort (de)	бродски прозор (м)	bródski prózor
zonnebatterij (de)	соларни панел (м)	sólarni pánel
ruimtepak (het)	скафандар (м)	skafándar
gewichtloosheid (de)	бестежинско стање (с)	béstežinsko stánje
zuurstof (de)	кисеоник (м)	kiseónik
koppeling (de)	пристајање (с)	prístajanje
koppeling maken	спајати се (нг)	spájati se
observatorium (het)	опсерваторија (ж)	opservatórija
telescoop (de)	телескоп (м)	téleskop
waarnemen (ww)	посматрати (нг)	posmátrati
exploreren (ww)	истраживати (пг)	istrazívati

123. De Aarde

Aarde (de)	Земља (ж)	Zémlja
aardbol (de)	земљина кугла (ж)	zémljina kúgla
planeet (de)	планета (ж)	planéta
atmosfeer (de)	атмосфера (ж)	atmosfera
aardrijkskunde (de)	географија (ж)	geográfija
natuur (de)	природа (ж)	príroda
wereldbol (de)	глобус (м)	glóbus
kaart (de)	мапа (ж)	mápa
atlas (de)	атлас (м)	átlas
Europa (het)	Европа (ж)	Evrópa
Azië (het)	Азија (ж)	Ázija
Afrika (het)	Африка (ж)	Áfrika
Australië (het)	Аустралија (ж)	Austrálija
Amerika (het)	Америка (ж)	Amérika
Noord-Amerika (het)	Северна Америка (ж)	Séverna Amérika
Zuid-Amerika (het)	Јужна Америка (ж)	Júžna Amérika
Antarctica (het)	Антарктик (м)	Antárktik
Arctis (de)	Арктик (м)	Árktik

124. Windrichtingen

noorden (het)	север (м)	séver
naar het noorden	према северу	préma séveru
in het noorden	на северу	na séveru
noordelijk (bn)	северни	séverni
zuiden (het)	југ (м)	jug
naar het zuiden	према југу	préma júgu
in het zuiden	на југу	na júgu
zuidelijk (bn)	јужни	júžni
westen (het)	запад (м)	západ
naar het westen	према западу	préma západu
in het westen	на западу	na západu
westelijk (bn)	западни	západni
oosten (het)	исток (м)	ístok
naar het oosten	према истоку	préma ístoku
in het oosten	на истоку	na ístoku
oostelijk (bn)	источни	ístočni

125. Zee. Oceaan

zee (de)	море (с)	móre
oceaan (de)	океан (м)	okéan
golf (baai)	залив (м)	záliv
straat (de)	мореуз (м)	móreuz
grond (vaste grond)	копно (с)	kópno
continent (het)	континент (м)	kontínent
eiland (het)	острво (с)	óstrvo
schiereiland (het)	полуострво (с)	poluóstrvo
archipel (de)	архипелаг (м)	arhipélag
baai, bocht (de)	залив (м)	záliv
haven (de)	лука (ж)	lúka
lagune (de)	лагуна (ж)	lagúna
kaap (de)	рт (м)	ŕt
atol (de)	атол (м)	átol
rif (het)	гребен (м)	grében
koraal (het)	корал (м)	kóral
koraalrif (het)	коралenvironment гребен (м)	kóralni grében
diep (bn)	дубок	dúbok
diepte (de)	дубина (ж)	dubína
diepzee (de)	бездан (м)	bézdan
trog (bijv. Marianentrog)	ров (м)	rov
stroming (de)	струја (ж)	strúja
omspoelen (ww)	окруживати (пг)	okružívati
oever (de)	обала (ж)	óbala

kust (de)	обала (ж)	óbala
vloed (de)	плима (ж)	plíma
eb (de)	осека (ж)	óseka
ondiepte (ondiep water)	плићак (м)	plícak
bodem (de)	дно (с)	dno

golf (hoge ~)	талас (м)	tálas
golfkam (de)	гребен (м) таласа	grében talasá
schuim (het)	пена (ж)	péna

orkaan (de)	ураган (м)	úragan
tsunami (de)	цунами (м)	cunámi
windstilte (de)	безветрица (ж)	bézvetrica
kalm (bijv. ~e zee)	миран	míran

| pool (de) | пол (м) | pol |
| polair (bn) | поларни | pólarni |

breedtegraad (de)	ширина (ж)	širína
lengtegraad (de)	дужина (ж)	dužína
parallel (de)	паралела (ж)	paraléla
evenaar (de)	екватор (м)	ékvator

hemel (de)	небо (с)	nébo
horizon (de)	хоризонт (м)	horízont
lucht (de)	ваздух (м)	vázduh

vuurtoren (de)	светионик (м)	svetiónik
duiken (ww)	ронити (нг)	róniti
zinken (ov. een boot)	потонути (нг)	potónuti
schatten (mv.)	благо (с)	blágo

126. Namen van zeeën en oceanen

Atlantische Oceaan (de)	Атлантски океан (м)	Atlantskl okéan
Indische Oceaan (de)	Индијски океан (м)	Índijski okéan
Stille Oceaan (de)	Тихи океан (м)	Tíhi okéan
Noordelijke IJszee (de)	Северни Ледени океан (м)	Séverni Lédeni okéan

Zwarte Zee (de)	Црно море (с)	Cŕno móre
Rode Zee (de)	Црвено море (с)	Cŕveno móre
Gele Zee (de)	Жуто море (с)	Žúto móre
Witte Zee (de)	Бело море (с)	Bélo móre

Kaspische Zee (de)	Каспијско море (с)	Káspijsko móre
Dode Zee (de)	Мртво море (с)	Mŕtvo móre
Middellandse Zee (de)	Средоземно море (с)	Sredózemno móre

| Egeïsche Zee (de) | Егејско море (с) | Egejsko móre |
| Adriatische Zee (de) | Јадранско море (с) | Jádransko móre |

Arabische Zee (de)	Арабијско море (с)	Arábijsko móre
Japanse Zee (de)	Јапанско море (с)	Jápansko móre
Beringzee (de)	Берингово море (с)	Béringovo móre

Zuid-Chinese Zee (de)	Јужно Кинеско море (c)	Južno Kinésko móre
Koraalzee (de)	Корално море (c)	Kóralno more
Tasmanzee (de)	Тасманово море (c)	Tasmánovo móre
Caribische Zee (de)	Карипско море (c)	Káripsko móre
Barentszzee (de)	Баренцово море (c)	Bárencovo móre
Karische Zee (de)	Карско море (c)	Kársko móre
Noordzee (de)	Северно море (c)	Séverno móre
Baltische Zee (de)	Балтичко море (c)	Báltičko móre
Noorse Zee (de)	Норвешко море (c)	Nórveško móre

127. Bergen

berg (de)	планина (ж)	planína
bergketen (de)	планински венац (м)	pláninski vénac
gebergte (het)	планински гребен (м)	pláninski grében
bergtop (de)	врх (м)	vŕh
bergpiek (de)	планиски врх (м)	plániski vŕh
voet (ov. de berg)	подножје (c)	pódnožje
helling (de)	нагиб (м), падина (ж)	nágib, pádina
vulkaan (de)	вулкан (м)	vúlkan
actieve vulkaan (de)	активни вулкан (м)	áktivni vúlkan
uitgedoofde vulkaan (de)	угашени вулкан (м)	úgašeni vúlkan
uitbarsting (de)	ерупција (ж)	erúpcija
krater (de)	кратер (м)	kráter
magma (het)	магма (ж)	mágma
lava (de)	лава (ж)	láva
gloeiend (~e lava)	врућ	vruć
kloof (canyon)	кањон (м)	kánjon
bergkloof (de)	клисура (ж)	klisúra
spleet (de)	пукотина (ж)	púkotina
afgrond (de)	амбис, понор (м)	ámbis, pónor
bergpas (de)	превој (м)	prévoj
plateau (het)	висораван (ж)	vísoravan
klip (de)	литица (ж)	lítica
heuvel (de)	брег (м)	breg
gletsjer (de)	леденик (м)	ledénik
waterval (de)	водопад (м)	vódopad
geiser (de)	гејзер (м)	géjzer
meer (het)	језеро (c)	jézero
vlakte (de)	равница (ж)	ravníca
landschap (het)	пејзаж (м)	péjzaž
echo (de)	одјек (м)	ódjek
alpinist (de)	планинар (м)	planínar
bergbeklimmer (de)	алпиниста (м)	alpinísta

| trotseren (berg ~) | освајати (пг) | osvájati |
| beklimming (de) | пењање (c) | pénjanje |

128. Bergen namen

Alpen (de)	Алпи (мн)	Álpi
Mont Blanc (de)	Монблан (м)	Mónblan
Pyreneeën (de)	Пиренеји (мн)	Pirenéji

Karpaten (de)	Карпати (мн)	Karpáti
Oeralgebergte (het)	Уралске планине (мн)	Uralske planíne
Kaukasus (de)	Кавказ (м)	Kávkaz
Elbroes (de)	Елбрус (м)	Elbrus

Altaj (de)	Алтај (м)	Altaj
Tiensjan (de)	Тјен Шан, Тјаншан (м)	Tjen Šan, Tjánšan
Pamir (de)	Памир (м)	Pámir
Himalaya (de)	Хималаји (мн)	Himaláji
Everest (de)	Еверест (м)	Everest

| Andes (de) | Анди (мн) | Andi |
| Kilimanjaro (de) | Килиманџаро (м) | Kilimandžáro |

129. Rivieren

rivier (de)	река (ж)	réka
bron (~ van een rivier)	извор (м)	ízvor
rivierbedding (de)	корито (c)	kórito
rivierbekken (het)	слив (м)	sliv
uitmonden in …	уливати се	ulívati se

| zijrivier (de) | притока (ж) | prítoka |
| oever (de) | обала (ж) | óbala |

stroming (de)	ток (м)	tok
stroomafwaarts (bw)	низводно	nízvodno
stroomopwaarts (bw)	узводно	úzvodno

overstroming (de)	поплава (ж)	póplava
overstroming (de)	поводањ (м)	póvodanj
buiten zijn oevers treden	изливати се	izlívati se
overstromen (ww)	преплавити (пг)	prepláviti

| zandbank (de) | плићак (м) | plíćak |
| stroomversnelling (de) | брзак (м) | bŕzak |

dam (de)	брана (ж)	brána
kanaal (het)	канал (м)	kánal
spaarbekken (het)	вештачко језеро (c)	véštačko jézero
sluis (de)	преводница (ж)	prévodnica
waterlichaam (het)	резервоар (м)	rezervóar
moeras (het)	мочвара (ж)	móčvara

| broek (het) | баруштина (ж) | báruština |
| draaikolk (de) | вртлог (м) | vȑtlog |

stroom (de)	поток (м)	pótok
drink- (abn)	питка	pítka
zoet (~ water)	слатка	slátka

| ijs (het) | лед (м) | led |
| bevriezen (rivier, enz.) | смрзнути се | smȑznuti se |

130. Namen van rivieren

| Seine (de) | Сена (ж) | Séna |
| Loire (de) | Лоара (ж) | Loára |

Theems (de)	Темза (ж)	Témza
Rijn (de)	Рајна (ж)	Rájna
Donau (de)	Дунав (м)	Dúnav

Wolga (de)	Волга (ж)	Vólga
Don (de)	Дон (м)	Don
Lena (de)	Лена (ж)	Léna

Gele Rivier (de)	Хуангхе (м)	Huánghe
Blauwe Rivier (de)	Јангце (м)	Jangcé
Mekong (de)	Меконг (м)	Mékong
Ganges (de)	Ганг (м)	Gang

Nijl (de)	Нил (м)	Nil
Kongo (de)	Конго (м)	Kóngo
Okavango (de)	Окаванго (м)	Okavángo
Zambezi (de)	Замбези (м)	Zambézi
Limpopo (de)	Лимпопо (м)	Limpópo
Mississippi (de)	Мисисипи (м)	Misisípi

131. Bos

| bos (het) | шума (ж) | šúma |
| bos- (abn) | шумски | šúmski |

oerwoud (dicht bos)	честар (м)	čéstar
bosje (klein bos)	шумарак (м)	šumárak
open plek (de)	пропланак (м)	próplanak

| struikgewas (het) | шипраг (м), шикара (ж) | šíprag, šíkara |
| struiken (mv.) | жбуње (с) | žbúnje |

| paadje (het) | стаза (ж) | stáza |
| ravijn (het) | јаруга (ж) | járuga |

| boom (de) | дрво (с) | dȑvo |
| blad (het) | лист (м) | list |

gebladerte (het)	лишће (с)	líšće
vallende bladeren (mv.)	листопад (м)	lístopad
vallen (ov. de bladeren)	опадати (нг)	ópadati
boomtop (de)	врх (м)	vŕh

tak (de)	грана (ж)	grána
ent (de)	грана (ж)	grána
knop (de)	пупољак (м)	púpoljak
naald (de)	иглица (ж)	íglica
dennenappel (de)	шишарка (ж)	šíšarka

boom holte (de)	дупља (ж)	dúplja
nest (het)	гнездо (с)	gnézdo
hol (het)	јазбина, рупа (ж)	jázbina, rúpa

stam (de)	стабло (с)	stáblo
wortel (bijv. boom~s)	корен (м)	kóren
schors (de)	кора (ж)	kóra
mos (het)	маховина (ж)	máhovina

ontwortelen (een boom)	крчити (пг)	kŕčiti
kappen (een boom ~)	сећи (пг)	séći
ontbossen (ww)	крчити шуму	krčiti šúmu
stronk (de)	пањ (м)	panj

kampvuur (het)	логорска ватра (ж)	lógorska vátra
bosbrand (de)	шумски пожар (м)	šúmski póžar
blussen (ww)	гасити (пг)	gásiti

boswachter (de)	шумар (м)	šúmar
bescherming (de)	заштита (ж)	záštita
beschermen	штитити (пг)	štítiti
(bijv. de natuur ~)		
stroper (de)	ловокрадица (м)	lovokrádica
val (de)	замка (ж)	zámka

plukken (vruchten, enz.)	брати (пг)	bráti
verdwalen (de weg kwijt zijn)	залутати (нг)	zalútati

132. Natuurlijke hulpbronnen

natuurlijke rijkdommen (mv.)	природна богатства (мн)	prírodna bógatstva
delfstoffen (mv.)	рудна богатства (мн)	rúdna bógatstva
lagen (mv.)	лежишта (мн)	léžišta
veld (bijv. olie~)	налазиште (с)	nálazište

winnen (uit erts ~)	добијати (пг)	dobíjati
winning (de)	добијање (с)	dobíjanje
erts (het)	руда (ж)	rúda
mijn (bijv. kolenmijn)	рудник (м)	rúdnik
mijnschacht (de)	рударско окно (с)	rúdarsko ókno
mijnwerker (de)	рудар (м)	rúdar
gas (het)	гас (м)	gas
gasleiding (de)	плиновод (м)	plínovod

olie (aardolie)	нафта (ж)	náfta
olieleiding (de)	нафтовод (м)	náftovod
oliebron (de)	нафтна бушотина (ж)	náftna búšotina
boortoren (de)	нафтна платформа (ж)	náftna plátforma
tanker (de)	танкер (м)	tánker

zand (het)	песак (м)	pésak
kalksteen (de)	кречњак (м)	kréčnjak
grind (het)	шљунак (м)	šljúnak
veen (het)	тресет (м)	tréset
klei (de)	глина (ж)	glína
steenkool (de)	угаљ (м)	úgalj

ijzer (het)	гвожђе (с)	gvóžđe
goud (het)	злато (с)	zláto
zilver (het)	сребро (с)	srébro
nikkel (het)	никл (м)	nikl
koper (het)	бакар (м)	bákar

zink (het)	цинк (м)	cink
mangaan (het)	манган (м)	mángan
kwik (het)	жива (ж)	žíva
lood (het)	олово (с)	ólovo

mineraal (het)	минерал (м)	míneral
kristal (het)	кристал (м)	krístal
marmer (het)	мермер, мрамор (м)	mérmer, mrámor
uraan (het)	уран (м)	úran

De Aarde. Deel 2

133. Weer

weer (het)	време (с)	vréme
weersvoorspelling (de)	временска прогноза (ж)	vrémenska prognóza
temperatuur (de)	температура (ж)	temperatúra
thermometer (de)	термометар (м)	térmometar
barometer (de)	барометар (м)	bárometar
vochtig (bn)	влажан	vlážan
vochtigheid (de)	влажност (ж)	vlážnost
hitte (de)	врућина (ж)	vrućína
heet (bn)	врућ	vruć
het is heet	вруће је	vrúće je
het is warm	топло је	tóplo je
warm (bn)	топао	tópao
het is koud	хладно је	hládno je
koud (bn)	хладан	hládan
zon (de)	сунце (с)	súnce
schijnen (de zon)	сијати (нг)	síjati
zonnig (~e dag)	сунчан	súnčan
opgaan (ov. de zon)	изаћи (нг)	ízaći
ondergaan (ww)	заћи (нг)	záći
wolk (de)	облак (м)	óblak
bewolkt (bn)	облачан	óblačan
regenwolk (de)	кишни облак (м)	kíšni óblak
somber (bn)	тмуран	tmúran
regen (de)	киша (ж)	kíša
het regent	пада киша	páda kíša
regenachtig (bn)	кишовит	kišóvit
motregenen (ww)	сипити (нг)	sípiti
plensbui (de)	пљусак (м)	pljúsak
stortbui (de)	пљусак (м)	pljúsak
hard (bn)	јак	jak
plas (de)	бара (ж)	bára
nat worden (ww)	покиснути (нг)	pókisnuti
mist (de)	магла (ж)	mágla
mistig (bn)	магловит	maglóvit
sneeuw (de)	снег (м)	sneg
het sneeuwt	пада снег	páda sneg

134. Zwaar weer. Natuurrampen

noodweer (storm)	олуја (ж)	olúja
bliksem (de)	муња (ж)	múnja
flitsen (ww)	севати (нг)	sévati
donder (de)	гром (м)	grom
donderen (ww)	грмети (нг)	gŕmeti
het dondert	грми	gŕmi
hagel (de)	град (м)	grad
het hagelt	пада град	páda grad
overstromen (ww)	поплавити (пг)	póplaviti
overstroming (de)	поплава (ж)	póplava
aardbeving (de)	земљотрес (м)	zémljotres
aardschok (de)	потрес (м)	pótres
epicentrum (het)	епицентар (м)	epicéntar
uitbarsting (de)	ерупција (ж)	erúpcija
lava (de)	лава (ж)	láva
wervelwind (de)	вихор (м)	víhor
windhoos (de)	торнадо (м)	tórnado
tyfoon (de)	тајфун (м)	tájfun
orkaan (de)	ураган (м)	úragan
storm (de)	олуја (ж)	olúja
tsunami (de)	цунами (м)	cunámi
cycloon (de)	циклон (м)	cíklon
onweer (het)	невреме (с)	névreme
brand (de)	пожар (м)	póžar
ramp (de)	катастрофа (ж)	katastrófa
meteoriet (de)	метеорит (м)	meteórit
lawine (de)	лавина (ж)	lávina
sneeuwverschuiving (de)	усов (м)	úsov
sneeuwjacht (de)	мећава (ж)	méćava
sneeuwstorm (de)	мећава, вејавица (ж)	méćava, véjavica

Fauna

roofdier (het)	предатор, грабљивац (м)	prédator, grábljivac
tijger (de)	тигар (м)	tígar
leeuw (de)	лав (м)	lav
wolf (de)	вук (м)	vuk
vos (de)	лисица (ж)	lísica
jaguar (de)	јагуар (м)	jáguar
luipaard (de)	леопард (м)	léopard
jachtluipaard (de)	гепард (м)	gépard
panter (de)	пантер (м)	pánter
poema (de)	пума (ж)	púma
sneeuwluipaard (de)	снежни леопард (м)	snéžni léopard
lynx (de)	рис (м)	ris
coyote (de)	којот (м)	kójot
jakhals (de)	шакал (м)	šákal
hyena (de)	хијена (ж)	hijéna

dier (het)	животиња (ж)	živótinja
beest (het)	звер (м)	zver
eekhoorn (de)	веверица (ж)	véverica
egel (de)	јеж (м)	jež
haas (de)	зец (м)	zec
konijn (het)	кунић (м)	kúnić
das (de)	јазавац (м)	jázavac
wasbeer (de)	ракун (м)	rákun
hamster (de)	хрчак (м)	hŕčak
marmot (de)	мрмот (м)	mŕmot
mol (de)	кртица (ж)	kŕtica
muis (de)	миш (ж)	miš
rat (de)	пацов (м)	pácov
vleermuis (de)	слепи миш (м)	slépi miš
hermelijn (de)	хермелин (м)	hérmelin
sabeldier (het)	самур (м)	sámur
marter (de)	куна (ж)	kúna
wezel (de)	ласица (ж)	lásica
nerts (de)	нерц, визон (м)	nerc, vízon

bever (de)	дабар (м)	dábar
otter (de)	видра (ж)	vídra
paard (het)	коњ (м)	konj
eland (de)	лос (м)	los
hert (het)	јелен (м)	jélen
kameel (de)	камила (ж)	kámila
bizon (de)	бизон (м)	bízon
wisent (de)	зубар (м)	zúbar
buffel (de)	бивол (м)	bívol
zebra (de)	зебра (ж)	zébra
antilope (de)	антилопа (ж)	antilópa
ree (de)	срна (ж)	sŕna
damhert (het)	јелен лопатар (м)	jélen lópatar
gems (de)	дивокоза (ж)	dívokoza
everzwijn (het)	вепар (м)	vépar
walvis (de)	кит (м)	kit
rob (de)	фока (ж)	fóka
walrus (de)	морж (м)	morž
zeebeer (de)	фока (ж)	fóka
dolfijn (de)	делфин (м)	délfin
beer (de)	медвед (м)	médved
ijsbeer (de)	бели медвед (м)	béli médved
panda (de)	панда (ж)	pánda
aap (de)	мајмун (м)	májmun
chimpansee (de)	шимпанза (ж)	šimpánza
orang-oetan (de)	орангутан (м)	orangútan
gorilla (de)	горила (ж)	goríla
makaak (de)	макаки (м)	makáki
gibbon (de)	гибон (м)	gíbon
olifant (de)	слон (м)	slon
neushoorn (de)	носорог (м)	nósorog
giraffe (de)	жирафа (ж)	žiráfa
nijlpaard (het)	нилски коњ (м)	nílski konj
kangoeroe (de)	кенгур (м)	kéngur
koala (de)	коала (ж)	koála
mangoest (de)	мунгос (м)	múngos
chinchilla (de)	чинчила (ж)	čínčila
stinkdier (het)	твор (м)	tvor
stekelvarken (het)	дикобраз (м)	díkobraz

137. Huisdieren

poes (de)	мачка (ж)	máčka
kater (de)	мачак (м)	máčak
hond (de)	пас (м)	pas

paard (het)	коњ (м)	konj
hengst (de)	ждребац (м)	ždrébac
merrie (de)	кобила (ж)	kóbila

koe (de)	крава (ж)	kráva
bul, stier (de)	бик (м)	bik
os (de)	во (м)	vo

schaap (het)	овца (ж)	óvca
ram (de)	ован (м)	óvan
geit (de)	коза (ж)	kóza
bok (de)	јарац (м)	járac

| ezel (de) | магарац (м) | mágarac |
| muilezel (de) | мазга (ж) | mázga |

varken (het)	свиња (ж)	svínja
biggetje (het)	прасе (с)	práse
konijn (het)	куниħ, домаħи зец (м)	kúnić, dómaći zec

| kip (de) | кокош (ж) | kókoš |
| haan (de) | певац (м) | pévac |

eend (de)	патка (ж)	pátka
woerd (de)	патак (м)	pátak
gans (de)	гуска (ж)	gúska

| kalkoen haan (de) | ħуран (м) | ćúran |
| kalkoen (de) | ħурка (ж) | ćúrka |

huisdieren (mv.)	домаħе животиње (мн)	domaće živótinje
tam (bijv. hamster)	питом	pítom
temmen (tam maken)	припитомљивати (пг)	pripitomljívati
fokken (bijv. paarden ~)	узгајати (пг)	uzgájati

boerderij (de)	фарма (ж)	fárma
gevogelte (het)	живина (ж)	živína
rundvee (het)	стока (ж)	stóka
kudde (de)	стадо (с)	stádo

paardenstal (de)	штала (ж)	štála
zwijnenstal (de)	свињац (м)	svínjac
koeienstal (de)	стаја (ж)	stája
konijnenhok (het)	зечињак (м)	zéčinjak
kippenhok (het)	кокошињац (м)	kókošinjac

138. Vogels

vogel (de)	птица (ж)	ptíca
duif (de)	голуб (м)	gólub
mus (de)	врабац (м)	vrábac
koolmees (de)	сеница (ж)	sénica
ekster (de)	сврака (ж)	svráka
raaf (de)	гавран (м)	gávran

kraai (de)	врана (ж)	vrána
kauw (de)	чавка (ж)	čávka
roek (de)	гачац (м)	gáčac

eend (de)	патка (ж)	pátka
gans (de)	гуска (ж)	gúska
fazant (de)	фазан (м)	fázan

arend (de)	орао (м)	órao
havik (de)	јастреб (м)	jástreb
valk (de)	соко (м)	sóko
gier (de)	суп (м)	sup
condor (de)	кондор (м)	kóndor

zwaan (de)	лабуд (м)	lábud
kraanvogel (de)	ждрал (м)	ždral
ooievaar (de)	рода (ж)	róda

papegaai (de)	папагај (м)	papágaj
kolibrie (de)	колибри (м)	kolíbri
pauw (de)	паун (м)	páun

struisvogel (de)	ној (м)	noj
reiger (de)	чапља (ж)	čáplja
flamingo (de)	фламинго (м)	flamíngo
pelikaan (de)	пеликан (м)	pelíkan

| nachtegaal (de) | славуј (м) | slávuj |
| zwaluw (de) | ластавица (ж) | lástavica |

lijster (de)	дрозд (м)	drozd
zanglijster (de)	дрозд певач (м)	drozd peváč
merel (de)	кос (м)	kos

gierzwaluw (de)	брегуница (ж)	brégunica
leeuwerik (de)	шева (ж)	šéva
kwartel (de)	препелица (ж)	prépelica

specht (de)	детлић (м)	détlić
koekoek (de)	кукавица (ж)	kúkavica
uil (de)	сова (ж)	sóva
oehoe (de)	совуљага (ж)	sovúljaga
auerhoen (het)	велики тетреб (м)	véliki tétreb
korhoen (het)	мали тетреб (м)	máli tétreb
patrijs (de)	јаребица (ж)	jarébica

spreeuw (de)	чворак (м)	čvórak
kanarie (de)	канаринац (м)	kanárinac
hazelhoen (het)	лештарка (ж)	léštarka

| vink (de) | зеба (ж) | zéba |
| goudvink (de) | зимовка (ж) | zímovka |

meeuw (de)	галеб (м)	gáleb
albatros (de)	албатрос (м)	álbatros
pinguïn (de)	пингвин (м)	píngvin

139. Vis. Zeedieren

brasem (de)	деверика (ж)	devérika
karper (de)	шаран (м)	šáran
baars (de)	гргеч (м)	gŕgeč
meerval (de)	сом (м)	som
snoek (de)	штука (ж)	štúka

zalm (de)	лосос (м)	lósos
steur (de)	јесетра (ж)	jésetra

haring (de)	харинга (ж)	háringa
atlantische zalm (de)	атлантски лосос (м)	átlantski lósos
makreel (de)	скуша (ж)	skúša
platvis (de)	лист (м)	list

snoekbaars (de)	смуђ (м)	smuđ
kabeljauw (de)	бакалар (м)	bakálar
tonijn (de)	туна (ж), туњ (м)	tuna, tunj
forel (de)	пастрмка (ж)	pástrmka

paling (de)	јегуља (ж)	jégulja
sidderrog (de)	ража (ж)	ráža
murene (de)	мурина (ж)	múrina
piranha (de)	пирана (ж)	pirána

haai (de)	ајкула (ж)	ájkula
dolfijn (de)	делфин (м)	délfin
walvis (de)	кит (м)	kit

krab (de)	краба (ж)	krába
kwal (de)	медуза (ж)	medúza
octopus (de)	хоботница (ж)	hóbotnica

zeester (de)	морска звезда (ж)	mórṣka zvézda
zee-egel (de)	морски јеж (м)	mórski jež
zeepaardje (het)	морски коњић (м)	mórski kónjić

oester (de)	острига (ж)	óstriga
garnaal (de)	шкамп (м)	škamp
kreeft (de)	хлап (м)	hlap
langoest (de)	јастог (м)	jástog

140. Amfibieën. Reptielen

slang (de)	змија (ж)	zmíja
giftig (slang)	отрован	ótrovan

adder (de)	шарка (ж)	šárka
cobra (de)	кобра (ж)	kóbra
python (de)	питон (м)	píton
boa (de)	удав (м)	údav
ringslang (de)	белоушка (ж)	beloúška

| ratelslang (de) | звечарка (ж) | zvéčarka |
| anaconda (de) | анаконда (ж) | anakónda |

hagedis (de)	гуштер (м)	gúšter
leguaan (de)	игуана (ж)	iguána
varaan (de)	варан (м)	váran
salamander (de)	даждевњак (м)	daždévnjak
kameleon (de)	камелеон (м)	kaméléon
schorpioen (de)	шкорпија (ж)	škórpija

schildpad (de)	корњача (ж)	kórnjača
kikker (de)	жаба (ж)	žába
pad (de)	крастача (ж)	krástača
krokodil (de)	крокодил (м)	krokódil

141. Insecten

insect (het)	инсект (м)	ínsekt
vlinder (de)	лептир (м)	léptir
mier (de)	мрав (м)	mrav
vlieg (de)	мува (ж)	múva
mug (de)	комарац (м)	komárac
kever (de)	буба (ж)	búba

wesp (de)	оса (ж)	ósa
bij (de)	пчела (ж)	pčéla
hommel (de)	бумбар (м)	búmbar
horzel (de)	обад (м)	óbad

| spin (de) | паук (м) | páuk |
| spinnenweb (het) | паучина (ж) | páučina |

libel (de)	вилин коњиц (м)	vílin kónjic
sprinkhaan (de)	скакавац (м)	skákavac
nachtvlinder (de)	мољац (м)	móljac

kakkerlak (de)	бубашваба (ж)	bubašvába
teek (de)	крпељ (м)	kŕpelj
vlo (de)	бува (ж)	búva
kriebelmug (de)	мушица (ж)	múšica

treksprinkhaan (de)	миграторни скакавац (м)	mígratorni skákavac
slak (de)	пуж (м)	puž
krekel (de)	цврчак (м)	cvŕčak
glimworm (de)	свитац (м)	svítac
lieveheersbeestje (het)	бубамара (ж)	bubamára
meikever (de)	гундељ (м)	gúndelj

bloedzuiger (de)	пијавица (ж)	píjavica
rups (de)	гусеница (ж)	gúsenica
aardworm (de)	црв (м)	cŕv
larve (de)	ларва (ж)	lárva

Flora

boom (de)	дрво (c)	dŕvo
loof- (abn)	листопадно	lístopadno
dennen- (abn)	четинарско	čétinarsko
groenblijvend (bn)	зимзелено	zímzeleno
appelboom (de)	јабука (ж)	jábuka
perenboom (de)	крушка (ж)	krúška
zoete kers (de)	трешња (ж)	tréšnja
zure kers (de)	вишња (ж)	víšnja
pruimelaar (de)	шљива (ж)	šljíva
berk (de)	бреза (ж)	bréza
eik (de)	храст (м)	hrast
linde (de)	липа (ж)	lípa
esp (de)	јасика (ж)	jásika
esdoorn (de)	јавор (м)	jávor
spar (de)	јела (ж)	jéla
den (de)	бор (м)	bor
lariks (de)	ариш (м)	áriš
zilverspar (de)	јела (ж)	jéla
ceder (de)	кедар (м)	kédar
populier (de)	топола (ж)	topóla
lijsterbes (de)	јаребика (ж)	járebika
wilg (de)	врба (ж)	vŕba
els (de)	јова (ж)	jóva
beuk (de)	буква (ж)	búkva
iep (de)	брест (м)	brest
es (de)	јасен (м)	jásen
kastanje (de)	кестен (м)	késten
magnolia (de)	магнолија (ж)	magnólija
palm (de)	палма (ж)	pálma
cipres (de)	чемпрес (м)	čémpres
mangrove (de)	мангрово дрво (c)	mángrovo dŕvo
baobab (apenbroodboom)	баобаб (м)	báobab
eucalyptus (de)	еукалиптус (м)	eukalíptus
mammoetboom (de)	секвоја (ж)	sekvója

struik (de)	грм, жбун (м)	gŕm, žbun
heester (de)	жбун (м)	žbun

| wijnstok (de) | винова лоза (ж) | vínova lóza |
| wijngaard (de) | виноград (м) | vínograd |

frambozenstruik (de)	малина (ж)	málina
zwarte bes (de)	црна рибизла (ж)	cŕna ríbizla
rode bessenstruik (de)	црвена рибизла (ж)	crvéna ríbizla
kruisbessenstruik (de)	огрозд (м)	ógrozd

acacia (de)	багрем (м)	bágrem
zuurbes (de)	жутика, шимширика (ж)	žútika, šimšírika
jasmijn (de)	јасмин (м)	jásmin

jeneverbes (de)	клека (ж)	kléka
rozenstruik (de)	ружин грм (м)	rúžin gŕm
hondsroos (de)	шипак (м)	šípak

144. Vruchten. Bessen

vrucht (de)	воћка (ж)	vóćka
vruchten (mv.)	воће, плодови (мн)	vóće, plódovi
appel (de)	јабука (ж)	jábuka
peer (de)	крушка (ж)	krúška
pruim (de)	шљива (ж)	šljíva

aardbei (de)	јагода (ж)	jágoda
zure kers (de)	вишња (ж)	víšnja
zoete kers (de)	трешња (ж)	tréšnja
druif (de)	грожђе (с)	gróžđe

framboos (de)	малина (ж)	málina
zwarte bes (de)	црна рибизла (ж)	cŕna ríbizla
rode bes (de)	црвена рибизла (ж)	crvéna ríbizla
kruisbes (de)	огрозд (м)	ógrozd
veenbes (de)	брусница (ж)	brúsnica

sinaasappel (de)	наранџа (ж)	nárandža
mandarijn (de)	мандарина (ж)	mandarína
ananas (de)	ананас (м)	ánanas

| banaan (de) | банана (ж) | banána |
| dadel (de) | урма (ж) | úrma |

citroen (de)	лимун (м)	límun
abrikoos (de)	кајсија (ж)	kájsija
perzik (de)	бресква (ж)	bréskva

| kiwi (de) | киви (м) | kívi |
| grapefruit (de) | грејпфрут (м) | gréjpfrut |

bes (de)	бобица (ж)	bóbica
bessen (mv.)	бобице (мн)	bóbice
vossenbes (de)	брусница (ж)	brúsnica
bosaardbei (de)	шумска јагода (ж)	šúmska jágoda
blauwe bosbes (de)	боровница (ж)	boróvnica

145. Bloemen. Planten

bloem (de)	цвет (м)	cvet
boeket (het)	букет (м)	búket
roos (de)	ружа (ж)	rúža
tulp (de)	тулипан (м)	tulípan
anjer (de)	каранфил (м)	karánfil
gladiool (de)	гладиола (ж)	gladióla
korenbloem (de)	различак (м)	razlíčak
klokje (het)	звонце (c)	zvónce
paardenbloem (de)	маслачак (м)	masláčak
kamille (de)	камилица (ж)	kamílica
aloë (de)	алоја (ж)	áloja
cactus (de)	кактус (м)	káktus
ficus (de)	фикус (м)	fíkus
lelie (de)	љиљан (м)	ljíljan
geranium (de)	гераниум, здравац (м)	geránium, zdrávac
hyacint (de)	зумбул (м)	zúmbul
mimosa (de)	мимоза (ж)	mimóza
narcis (de)	нарцис (м)	nárcis
Oost-Indische kers (de)	драгољуб (м)	drágoljub
orchidee (de)	орхидеја (ж)	orhidéja
pioenroos (de)	божур (м)	bóžur
viooltje (het)	љубичица (ж)	ljubičíca
driekleurig viooltje (het)	дан и ноћ	dan i noć
vergeet-mij-nietje (het)	споменак (м)	spoménak
madeliefje (het)	красуљак (м)	krasúljak
papaver (de)	мак (м)	mak
hennep (de)	конопља (ж)	kónoplja
munt (de)	нана, метвица (ж)	nána, métvica
lelietje-van-dalen (het)	ђурђевак (м)	đurđévak
sneeuwklokje (het)	висибаба (ж)	vísibaba
brandnetel (de)	коприва (ж)	kópriva
veldzuring (de)	кисељак (м)	kiséljak
waterlelie (de)	локвањ (м)	lókvanj
varen (de)	папрат (ж)	páprat
korstmos (het)	лишај (м)	líšaj
oranjerie (de)	стакленик (м)	stáklenik
gazon (het)	травњак (м)	trávnjak
bloemperk (het)	цветна леја (ж)	cvétna léja
plant (de)	биљка (ж)	bíljka
gras (het)	трава (ж)	tráva
grasspriet (de)	травчица (ж)	trávčica

blad (het)	лист (м)	list
bloemblad (het)	латица (ж)	lática
stengel (de)	стабљика (ж)	stábljika
knol (de)	гомољ (м)	gómolj

| scheut (de) | изданак (м) | ízdanak |
| doorn (de) | трн (м) | trn |

bloeien (ww)	цветати (нг)	cvétati
verwelken (ww)	венути (нг)	vénuti
geur (de)	мирис (м)	míris
snijden (bijv. bloemen ~)	одсећи (пг)	ódseći
plukken (bloemen ~)	убрати (пг)	ubráti

146. Granen, graankorrels

graan (het)	зрно (с)	zŕno
graangewassen (mv.)	житарице (мн)	žitárice
aar (de)	клас (м)	klas

tarwe (de)	пшеница (ж)	pšénica
rogge (de)	раж (ж)	raž
haver (de)	овас (м)	óvas
gierst (de)	просо (с)	próso
gerst (de)	јечам (м)	jéčam

maïs (de)	кукуруз (м)	kukúruz
rijst (de)	пиринач (м)	pírinač
boekweit (de)	хељда (ж)	héljda

erwt (de)	грашак (м)	grášak
nierboon (de)	пасуљ (м)	pásulj
soja (de)	соја (ж)	sója
linze (de)	сочиво (с)	sóčivo
bonen (mv.)	махунарке (мн)	mahúnarke

LANDEN. NATIONALITEITEN

147. West-Europa

Europa (het)	Европа (ж)	Evrópa
Europese Unie (de)	Европска унија (ж)	Evropska únija
Oostenrijk (het)	Аустрија (ж)	Áustrija
Groot-Brittannië (het)	Велика Британија (ж)	Vélika Brítanija
Engeland (het)	Енглеска (ж)	Engleska
België (het)	Белгија (ж)	Bélgija
Duitsland (het)	Немачка (ж)	Némačka
Nederland (het)	Низоземска (ж)	Nízozemska
Holland (het)	Холандија (ж)	Holándija
Griekenland (het)	Грчка (ж)	Gŕčka
Denemarken (het)	Данска (ж)	Dánska
Ierland (het)	Ирска (ж)	Irska
IJsland (het)	Исланд (м)	Island
Spanje (het)	Шпанија (ж)	Špánija
Italië (het)	Италија (ж)	Itálija
Cyprus (het)	Кипар (м)	Kípar
Malta (het)	Малта (ж)	Málta
Noorwegen (het)	Норвешка (ж)	Nórveška
Portugal (het)	Португалија (ж)	Portugálija
Finland (het)	Финска (ж)	Fínska
Frankrijk (het)	Француска (ж)	Fráncuska
Zweden (het)	Шведска (ж)	Švédska
Zwitserland (het)	Швајцарска (ж)	Švájcarska
Schotland (het)	Шкотска (ж)	Škótska
Vaticaanstad (de)	Ватикан (м)	Vátikan
Liechtenstein (het)	Лихтенштајн (м)	Líhtenštajn
Luxemburg (het)	Луксембург (м)	Lúksemburg
Monaco (het)	Монако (м)	Mónako

148. Centraal- en Oost-Europa

Albanië (het)	Албанија (ж)	Albánija
Bulgarije (het)	Бугарска (ж)	Búgarska
Hongarije (het)	Мађарска (ж)	Máđarska
Letland (het)	Летонија (ж)	Létonija
Litouwen (het)	Литванија (ж)	Litvánija
Polen (het)	Пољска (ж)	Póljska

Roemenië (het)	Румунија (ж)	Rúmunija
Servië (het)	Србија (ж)	Sŕbija
Slowakije (het)	Словачка (ж)	Slóvačka

Kroatië (het)	Хрватска (ж)	Hrvátska
Tsjechië (het)	Чешка република (ж)	Čéška repúblika
Estland (het)	Естонија (ж)	Estonija

Bosnië en Herzegovina (het)	Босна и Херцеговина (ж)	Bósna i Hércegovina
Macedonië (het)	Македонија (ж)	Mákedonija
Slovenië (het)	Словенија (ж)	Slóvenija
Montenegro (het)	Црна Гора (ж)	Cŕna Góra

149. Voormalige USSR landen

Azerbeidzjan (het)	Азербејџан (м)	Azerbéjdžan
Armenië (het)	Јерменија (ж)	Jérmenija

Wit-Rusland (het)	Белорусија (ж)	Belorúsija
Georgië (het)	Грузија (ж)	Grúzija
Kazakstan (het)	Казахстан (м)	Kázahstan
Kirgizië (het)	Киргистан (м)	Kírgistan
Moldavië (het)	Молдавија (ж)	Moldávija

Rusland (het)	Русија (ж)	Rúsija
Oekraïne (het)	Украјина (ж)	Úkrajina

Tadzjikistan (het)	Таџикистан (м)	Tadžikístan
Turkmenistan (het)	Туркменистан (м)	Turkménistan
Oezbekistan (het)	Узбекистан (м)	Uzbekistan

150. Azië

Azië (het)	Азија (ж)	Ázija
Vietnam (het)	Вијетнам (м)	Víjetnam
India (het)	Индија (ж)	Índija
Israël (het)	Израел (м)	Izrael

China (het)	Кина (ж)	Kína
Libanon (het)	Либан (м)	Líban
Mongolië (het)	Монголија (ж)	Móngolija

Maleisië (het)	Малезија (ж)	Malézija
Pakistan (het)	Пакистан (м)	Pákistan

Saoedi-Arabië (het)	Саудијска Арабија (ж)	Sáudijska Árabija
Thailand (het)	Тајланд (м)	Tájland
Taiwan (het)	Тајван (м)	Tájvan
Turkije (het)	Турска (ж)	Túrska
Japan (het)	Јапан (м)	Jápan
Afghanistan (het)	Авганистан (м)	Avganístan
Bangladesh (het)	Бангладеш (м)	Bángladeš

| Indonesië (het) | Индонезија (ж) | Indonezija |
| Jordanië (het) | Јордан (м) | Jórdan |

Irak (het)	Ирак (м)	Irak
Iran (het)	Иран (м)	Iran
Cambodja (het)	Камбоџа (ж)	Kambódža
Koeweit (het)	Кувајт (м)	Kúvajt

Laos (het)	Лаос (м)	Láos
Myanmar (het)	Мјанмар (м)	Mjánmar
Nepal (het)	Непал (м)	Népal
Verenigde Arabische Emiraten	Уједињени Арапски Емирати	Ujedínjeni Árapski Emiráti

Syrië (het)	Сирија (ж)	Sírija
Palestijnse autonomie (de)	Палестина (ж)	Palestína
Zuid-Korea (het)	Јужна Кореја (ж)	Júžna Koréja
Noord-Korea (het)	Северна Кореја (ж)	Séverna Koréja

151. Noord-Amerika

Verenigde Staten van Amerika	Сједињене Америчке Државе	Sjédinjene Améričke Države
Canada (het)	Канада (ж)	Kanada
Mexico (het)	Мексико (м)	Méksiko

152. Midden- en Zuid-Amerika

Argentinië (het)	Аргентина (ж)	Argentína
Brazilië (het)	Бразил (м)	Brázil
Colombia (het)	Колумбија (ж)	Kolúmbija

| Cuba (het) | Куба (ж) | Kúba |
| Chili (het) | Чиле (м) | Číle |

| Bolivia (het) | Боливија (ж) | Bolívija |
| Venezuela (het) | Венецуела (ж) | Venecuéla |

| Paraguay (het) | Парагвај (м) | Páragvaj |
| Peru (het) | Перу (м) | Péru |

Suriname (het)	Суринам (м)	Surínam
Uruguay (het)	Уругвај (м)	Urugvaj
Ecuador (het)	Еквадор (м)	Ekvador

| Bahama's (mv.) | Бахами (мн) | Bahámi |
| Haïti (het) | Хаити (м) | Haiti |

| Dominicaanse Republiek (de) | Доминиканска република (ж) | Dominikanska república |

| Panama (het) | Панама (ж) | Pánama |
| Jamaica (het) | Јамајка (ж) | Jamájka |

153. Afrika

Egypte (het)	Египат (м)	Egipat
Marokko (het)	Мароко (м)	Maróko
Tunesië (het)	Тунис (м)	Túnis
Ghana (het)	Гана (ж)	Gána
Zanzibar (het)	Занзибар (м)	Zanzibar
Kenia (het)	Кенија (ж)	Kénija
Libië (het)	Либија (ж)	Líbija
Madagaskar (het)	Мадагаскар (м)	Madagáskar
Namibië (het)	Намибија (ж)	Námibija
Senegal (het)	Сенегал (м)	Sénegal
Tanzania (het)	Танзанија (ж)	Tánzanija
Zuid-Afrika (het)	Јужноафричка република (ж)	Južnoáfrička repúblika

154. Australië. Oceanië

Australië (het)	Аустралија (ж)	Austrálija
Nieuw-Zeeland (het)	Нови Зеланд (м)	Nóvi Zéland
Tasmanië (het)	Тасманија (ж)	Tásmanija
Frans-Polynesië	Француска Полинезија (ж)	Fráncuska Polinézija

155. Steden

Amsterdam	Амстердам (м)	Ámsterdam
Ankara	Анкара (ж)	Ánkara
Athene	Атина (ж)	Atína
Bagdad	Багдад (м)	Bágdad
Bangkok	Бангкок (м)	Bángkok
Barcelona	Барселона (ж)	Barselóna
Beiroet	Бејрут (м)	Béjrut
Berlijn	Берлин (м)	Bérlin
Boedapest	Будимпешта (ж)	Búdimpešta
Boekarest	Букурешт (м)	Búkurešt
Bombay, Mumbai	Бомбај (м)	Bómbaj
Bonn	Бон (м)	Bon
Bordeaux	Бордо (м)	Bordó
Bratislava	Братислава (ж)	Brátislava
Brussel	Брисел (м)	Brísel
Caïro	Каиро (м)	Káiro
Calcutta	Калкута (ж)	Kalkúta
Chicago	Чикаго (м)	Čikágo
Dar Es Salaam	Дар ес Салам (м)	Dar es Salám
Delhi	Делхи (м)	Délhi

Den Haag	Хаг (м)	Hag
Dubai	Дубаи (м)	Dubái
Dublin	Даблин (м)	Dáblin
Düsseldorf	Диселдорф (м)	Díseldorf
Florence	Фиренца (ж)	Firénca
Frankfort	Франкфурт (м)	Fránkfurt
Genève	Женева (ж)	Ženéva
Hamburg	Хамбург (м)	Hámburg
Hanoi	Ханој (м)	Hánoj
Havana	Хавана (ж)	Havána
Helsinki	Хелсинки (м)	Hélsinki
Hiroshima	Хирошима (ж)	Hirošíma
Hongkong	Хонгконг (м)	Hóngkong
Istanbul	Истанбул (м)	Istanbul
Jeruzalem	Јерусалим (м)	Jerusálim
Kiev	Кијев (м)	Kíjev
Kopenhagen	Копенхаген (м)	Kopenhágen
Kuala Lumpur	Куала Лумпур (м)	Kuála Lúmpur
Lissabon	Лисабон (м)	Lísabon
Londen	Лондон (м)	Lóndon
Los Angeles	Лос Анђелес (м)	Los Anđeles
Lyon	Лион (м)	Líon
Madrid	Мадрид (м)	Mádrid
Marseille	Марсеј (м)	Marséj
Mexico-Stad	Мексико (м)	Méksiko
Miami	Мајами (м)	Majámi
Montreal	Монтреал (м)	Móntreal
Moskou	Москва (ж)	Móskva
München	Минхен (м)	Mínhen
Nairobi	Најроби (м)	Najróbi
Napels	Напуљ (м)	Nápulj
New York	Њујорк (м)	Njújork
Nice	Ница (ж)	Níca
Oslo	Осло (с)	Oslo
Ottawa	Отава (ж)	Otava
Parijs	Париз (м)	Páriz
Peking	Пекинг (м)	Péking
Praag	Праг (м)	Prag
Rio de Janeiro	Рио де Жанеиро (м)	Río de Žanéiro
Rome	Рим (м)	Rim
Seoel	Сеул (м)	Séul
Singapore	Сингапур (м)	Síngapur
Sint-Petersburg	Санкт Петербург (м)	Sankt Péterburg
Sjanghai	Шангај (м)	Šángaj
Stockholm	Стокхолм (м)	Stókholm
Sydney	Сиднеј (м)	Sídnej
Taipei	Тајпеј (м)	Tájpej
Tokio	Токио (м)	Tókio

Toronto	**Торонто** (м)	Torónto
Venetië	**Венеција** (ж)	Vénecija
Warschau	**Варшава** (ж)	Váršava
Washington	**Вашингтон** (м)	Vášington
Wenen	**Беч** (м)	Beč

www.ingramcontent.com/pod-product-compliance
Lightning Source LLC
Chambersburg PA
CBHW070553050426
42450CB00011B/2845